穿越理论迷雾

刑事司法的社会科学研究

谢 澍 著

中国法制出版社
CHINA LEGAL PUBLISHING HOUSE

上篇　刑事司法与社会科学方法

第一章　法教义学抑或社科法学：刑事诉讼法学方法论缘何失语 / 003

　　一、微观化与技术化：由一场学术研讨谈起 / 004
　　二、法教义学之基石：再访程序法定原则 / 010
　　三、运作样态之流弊：法外因素对法内系统的侵蚀 / 016
　　四、方法鼎新之对话：程序法向度的社科法学研究 / 020
　　五、小结：穿越理论迷雾 / 028

第二章　直面"复杂性"：认罪协商制度研究的方法论启示 / 031

　　一、西学何以为用：域外理论与本土改革的相遇 / 033
　　二、知识增量：制度背后的逻辑 / 036
　　三、方法创新：社会科学的视野 / 043
　　四、刑事诉讼法学研究如何直面"复杂性" / 049
　　五、小结 / 058

中篇　刑事司法与社会科学知识

第三章　刑事法官的角色诠释：多元场域与一元惯习 / 063
　　一、场域中的困惑 / 064
　　二、作为法律人的刑事法官：司法场域的尴尬境遇 / 067
　　三、作为社会人的刑事法官：社会场域的商谈纽带 / 073
　　四、作为权力人的刑事法官：权力场域中左支右绌 / 082
　　五、多元场域形塑一元惯习：反思"布迪厄理论" / 084
　　六、小结 / 093

第四章　专门知识与专家辅助：从权力支配到认知偏差 / 095
　　一、"专门知识"进入刑事司法场域 / 096
　　二、多元定位：刑事立法与司法中的"专门知识" / 099
　　三、理论交织：作为权力的知识与指引行为的认知 / 113
　　四、社会（认知）科学知识何以助力法律秩序之完善 / 130

第五章　刑事法律援助之社会向度：从政府主导到政府扶持 / 135
　　一、法律援助样态异化与案件社会结构失衡 / 137
　　二、刑事法律援助的本质及其应然样态 / 143
　　三、刑事法律援助的社会参与及其竞争效应 / 152
　　四、小结 / 159

下篇　刑事司法与类型化、体系化思维

第六章　刑事司法规律："以审判为中心"的本质定位 / 163
　　一、作为刑事司法规律的"以审判为中心" / 164
　　二、"以审判为中心"之规律总结与体系化建构 / 169
　　三、"以审判为中心"之认识误区及理论澄清 / 175
　　四、小结 / 182

第七章　检察机关侦查权：监督性及其体系化进路 / 187
　　一、检察机关侦查权的基本类型与争议澄清 / 189
　　二、检察机关侦查权的多元发展方向及其重点 / 199
　　三、完善检察机关侦查权的法律监督体系 / 208
　　四、小结 / 221

第八章　刑事缺席审判：类型化分析与体系化建构 / 227
　　一、刑事缺席审判制度的正当性基础 / 229
　　二、刑事缺席审判制度的类型化分析 / 244
　　三、刑事缺席审判制度的体系化建构 / 256
　　四、小结 / 270

后记 / 273

上 篇

刑事司法
与社会科学方法

第一章

法教义学抑或社科法学：
刑事诉讼法学方法论缘何失语

一、微观化与技术化：由一场学术研讨谈起

方法论是知识建构的基础，梳理我国法学的发展沿革，知识论与方法论却并非共生共存。只求知识不问方法，使得早期法学研究中的知识生成缺乏方法论支援。"中西二元论"作为晚近以来惯用的认知框架，不自觉地影响着我国法学研究范式的发展，西方法学经典的译介，让中国法学感知到自身理论研究的缺乏，"特殊"与"普遍"、"落后"与"先进"等大词的频繁使用，形塑着以西方知识体系为样本的比较法学研究范式。在此期间，刑事诉讼法学向度上，"权力"与"权利"、"公正"与"效率"、"保障人权"与"打击犯罪"始终是理论研究的核心话语，但这些源自西方的价值观念在我国传统诉讼文化的生长土壤中并不平衡，因而，价值法学脱胎于比较法学，支配着刑事诉讼法学的研究取向。总体而言，20世纪70年代末至90年代末的刑事诉讼法学研究，注重唤醒权利意识、培育法治理念，但根本上，仍需回到本土语境进行研判，中西比较抑或价值判断并不能鲜明地独立于研究之外，因而，其应当属于注重政治意识形态话语的"政法法学"。[①]

[①] 参考苏力的概括分类，参见苏力：《也许正在发生——中国当代法学发展的一个概览》，载《比较法研究》2001年第3期。

刑事程序的超国界性,使其具备有别于其他部门法的运作机理,国际社会在推进刑事程序法治化的进程中,业已形成了最低限度的基本权利保障标准——刑事诉讼国际准则,存在于联合国通过的有关国际文书之中。以加入WTO为契机,世纪之交,刑事诉讼法学研究开始转向以国际准则为参照,力求强化其话语品质;为避免进入本土的排异反应,"试点"作为连接国际准则与本土实践的"缓冲",逐渐开始兴起,诸多刑事诉讼法学热点问题,都是经过试点检验,并作出具有理论高度的经验提炼后,最终被立法所采纳的。①2012年《刑事诉讼法》修改之后,刑事诉讼法学研究迎来了新的机遇,有学者主张,在修法之初,应当以刑事诉讼法解释论的提出为契机,全面重构我国刑事诉讼法学研究范式;而所谓"解释论",即由法律文本出发,将"宏观问题微观化、价值问题技术化",使刑事诉讼法学发展为一门足以问诊司法实践的"**实学**"。②进而,不少刑事诉讼法学者——尤其是青年学者——开始沿袭这一研究进路,对《刑事诉讼法》加以研判,试图消解条文之间的冲突,解答关于条文模糊之处的

---

① 对这一历程的梳理与评议,参见谢澍:《刑事程序法治话语的中国解读——由〈送法下乡〉展开》,载《金陵法律评论》2012年第2期。

② 参见万毅:《微观刑事诉讼法学——法解释学视野下的〈刑事诉讼法修正案〉》,中国检察出版社2012年版,第1—3页。

疑惑。[①]

以理论界与实务界就"侦查阶段辩护律师是否拥有调查取证权"这一问题的学术研讨为例,有学者通过法解释学进路,呈现出相关条文可能存在的三种不同解读,而其本身所持观点是支持侦查阶段律师拥有调查取证权,理由在于:其一,从法律确定侦查阶段律师辩护人身份角度的考量,侦查阶段律师应当有调查取证权;其二,从侦查目的之角度考察,应当赋予侦查阶段的辩护律师调查取证权;其三,从法律所界定的辩护人职责角度考察,辩护律师在侦查阶段应享有调查取证权。[②]其承认解释的结果可能并不唯一,但认为,之所

[①] 相关代表性成果包括但不限于万毅:《微观刑事诉讼法学——法解释学视野下的〈刑事诉讼法修正案〉》,中国检察出版社2012年版;万毅:《"曲意释法"现象批判——以刑事辩护制度为中心的分析》,载《政法论坛》2013年第2期;张建伟:《刑事诉讼司法解释的空间与界限》,载《清华法学》2013年第6期;汪海燕:《刑事诉讼法解释论纲》,载《清华法学》2013年第6期;汪海燕:《"立法式"解释:我国刑事诉讼法解释的困局》,载《政法论坛》2013年第6期;胡铭:《技术侦查:模糊授权抑或严格规制——以〈人民检察院刑事诉讼规则〉第263条为中心》,载《清华法学》2013年第6期;杨文革:《刑事诉讼法上的类推解释》,载《法学研究》2014年第2期;程雷:《刑事诉讼法第73条的法解释学分析》,载《政法论坛》2013年第4期;程雷:《非法证据排除规则规范分析》,载《政法论坛》2014年第6期;韩旭:《法庭内的正义如何实现——最高人民法院刑事诉讼司法解释中法庭纪律及相关规定》,载《清华法学》2013年第6期;孙远:《论侦查阶段辩护律师的阅卷权》,载《法律适用》2015年第2期;等等。

[②] 参见汪海燕、胡广平:《辩护律师侦查阶段有无调查取证权辨析——以法律解释学为视角》,载《法学杂志》2013年第11期。

以持有上述理由并推出己方观点，是源自体系解释，并列举了一定的条文依据，但并没有紧扣"技术化"的方法，体系内的逻辑一致性和融贯性在论证中未能呈现，由其"理由"观之，根本上，**仍是价值层面的探讨与推断为主**，而方法论的启发不足。另有论者将这一问题得出不同解释结论的缘由，归结于律师或学者采用了体系解释，而司法机关运用的是文义解释，将辩护律师在侦查阶段的执业权利局限于《刑事诉讼法》第39条之规定；但是，这里的所谓"体系解释"是从相关条文的冲突出发的，并非基于体系内逻辑一致性和融贯性的自觉，更重要的是，该论者也发现了差异之形成，根本原因在于不同解释主体基于各自利益、立场，对法条进行了"**选择性解释**"。① 这不仅是法律条文的尴尬，更是刑事诉讼法解释学本身的尴尬——既然立场比方法更具支配力，那么方法何以获取生命力？

对于我国学者而言，法解释学并不陌生，之所以刑事诉讼法解释学方才兴起，不过是其方法论上"后知后觉"的一个脚注。实际上，学界在方法论向度的关注重点是法教义学与社科法学的对话，而刑事诉讼法学界却仍在为"如何解释"而上下求索；更重要的是，法解释学不能等同于法教义学，除了解释法律，法教义学之

---

① 参见万毅：《微观刑事诉讼法学——法解释学视野下的〈刑事诉讼法修正案〉》，中国检察出版社2012年版，第83—87页。

精义还体现在应用以及发展（续造）法律。在阿列克西（Robert Alexy）看来，作为狭义或本义的法学，法教义学至少是三种活动的混合体：其一，对现行有效法律的描述；其二，对法律之概念—体系的研究；其三，提出解决这种疑难法律案件的建议。在此意义上，法教义学诠释着"多维度的学科"，与之相适应的三个维度分别为：描述—经验的维度；逻辑—分析的维度；规范—实践的维度。在第一个维度框架内，可以分为对法官审判实务的描述和诊断、对立法者实际意图的澄清；第二个维度不仅包括对法律概念的分析，也包括对不同原则与规则间逻辑关系的考察；第三个维度是对某个规范的解释、某个新的规范或新的制度提出建议并加以证立。① 由此观之，法解释学更多地存在于"规范—实践的维度"，并不能涵盖法教义学的概念、立场和作用维度。因此，将刑事诉讼法解释学置于整个学界的方法论对话之中，无疑是失语的；尽管，中国语境中的"法教义学"亦有"新瓶装旧酒"之嫌，一定程度上仍沿袭着"立法中心主义"

---

① 参见［德］罗伯特·阿列克西：《法律论证理论——作为法律证立理论的理性论辩理论》，舒国滢译，中国法制出版社2002年版，第310—312页。

的法解释学，未能摆脱概念法学之桎梏。①

当然，方法论之转向意味着新的开端，在形成教义学的学术传统之前，以教义学"压制"或"否定"解释学之尝试，也是不公平的，所以本书秉持的是一种"**向前看**"的学术态度，试图追问：刑事诉讼法解释学的兴起，能否推动刑事诉讼法学在法教义学向度上进行知识创新？② 面对社科法学的学术竞争，刑事诉讼法教义学是否更加适合当下的研究语境？事实上，并不存在"法学理论教义学"，作为方法论的法教义学，其工作主要由部门法完成，不难发现，在民法、刑法、行政法等实体法律部门中，法教义学向来——或者说更多地——扮演着主流的思维进路，中国语境之中，同样业已呈现如此倾向；但对于程序法而言，尤其是刑事诉讼法，法教

---

① 凌斌认为，法教义学与其他法律解释方法的主要差别，体现在对实定法秩序体系化解释的司法中心主义，要推进真正的法教义学研究和教学，需要清除伪装为法教义学的概念法学、继受法学和立法论思维。参见凌斌：《什么是法教义学：一个法哲学追问》，载《中外法学》2015年第1期。

② 例如，有论者提倡在刑事诉讼法学研习中引入法教义学，参见吉冠浩：《刑诉法研习中法教义学之提倡——以〈相对合理主义〉为切入》，载《中国刑事法杂志》2013年第6期；李奋飞：《"作证却免于强制出庭"抑或"免于强制作证"？——〈刑事诉讼法〉第188条第1款的法教义学分析》，载《中外法学》2015年第2期。就目前来看，并无突破性发展，撰文时的结论仍可适用。

义学能否实现其"普遍语法"①之功用，正是本书质疑的。

二、法教义学之基石：再访程序法定原则

Dogma作为"基本确信""信仰规则"的意思，并非通过理性之证明，而是借助权威的宣言和源自信仰的接受（Akzeptanz）来排除怀疑；②因而，法教义学（Rechtsdogmatik）的前提是存在稳定的法秩序（法源），并假设其为"大体合理"，以此为逻辑起点，从内部视角进行"价值无涉"的观察与思考。是故，追问刑事诉讼法教义学是否可能，首先需要审视法律规范本身是否具备足够的确定性，即**"以何为教义"**？当前《刑事诉讼法》共308条，相比过往已有增加，但很明显，立法机关仍然沿袭了20世纪50年代以来"宜粗不宜细"的立法宗旨，只作线条之勾勒，而将具体内容交由司法解释"深

---

① 汉斯-海因里希·耶赛克（Hans-Heinrich Jescheck）曾这样评注刑法教义学。参见[德]乌尔里希·齐白：《纪念汉斯-海因里希·耶赛克教授》，周遵友译，载陈兴良主编：《刑事法评论》（第27卷），北京大学出版社2010年版，第210页。

② 参见[德]魏德士：《法理学》，丁晓春、吴越译，法律出版社2005年版，第136—137页。

入发挥"。①就解释主体而言,传统上可以区分为"真意的"(authentisch)、"学理的"(doktrinal)、"业余的"(laien)与"通常的"(usual)。②"真意解释"是指被法秩序授权的组织,对某个规范的意义进行有约束力的确定,这一组织一般是指立法机关,而司法机关因其判决具有约束力和先例效果,故而也能作为主体之一;但我国的司法解释并非以判例形式作出,而是以抽象解释"代行立法",较之域外,无疑是罕见的。"学理解释"来自学者,因其缺乏强制力而不具备制度性,但如果它构成一种支配性观点,就几乎拥有了这种制度性;而在我国刑事诉讼领域,司法解释的地位难以逾越,学理解释试图获取支配性,显然很难。是故,如何在真意解释与学理解释之间形成互动,是刑事诉讼法教义学,抑或解释学

---

① 这一宗旨的确定,最初是从政治斗争的角度出发,立法追求细致、严密,就可能为政治上的敌人利用法律进行攻击、对抗提供机会;而如今很少再有人从斗争哲学角度思考这一问题,但"宜粗不宜细"的立法宗旨仍然保持生命力。究其缘由,有学者认为是立法部门对立法的慎重,在对立法内容缺乏足够把握、担心立法规定过细导致窒碍难行的情况下,习惯性地将立法线条勾勒得较为粗放。参见张建伟:《刑事诉讼司法解释的空间与界限》,载《清华法学》2013 年第 6 期。

② "业余解释"服从于公民的解释,"通常解释"源自习惯法,并非本章关注重点,在此不赘述。参见[德]罗伯特·阿列克西:《法律解释》,载[德]罗伯特·阿列克西:《法·理性·商谈:法哲学研究》,朱光、雷磊译,中国法制出版社 2011 年版,第 65—66 页。

研习者关注的重点。

  法律解释的制度性不仅源于其主体，更关乎其客体。制定法以及基于制定法发布的规范是解释的首要客体，而判例、协议及习惯法同样是制度性行为的结果，因而也构成解释的其他客体。[①]吊诡的是，刑事诉讼法司法解释本身具有法律解释性质，但在刑事诉讼法教义学向度，它又扮演着学理解释之客体的角色，《刑事诉讼法》更像是立法纲要，若要深入剖析程序设计的逻辑体系，就必须将司法解释纳入解释的范畴，形成"**解释之解释**"的混沌状态。至于乱象的生成原因，需要重访程序法定原则加以研判。借鉴法国刑事诉讼理论中"法定原则"[②]的概念，我国学者提出了"程序法定原则"：

  国家刑事司法机关的职权及其追究犯罪、惩罚犯罪的程序，都由立法机关所制定的法律即刑事诉讼法（广义上的）加以明确规定，刑事诉讼法没有明确赋予的职

---

  ① 参见［德］罗伯特·阿列克西：《法律解释》，载［德］罗伯特·阿列克西：《法·理性·商谈：法哲学研究》，朱光、雷磊译，中国法制出版社 2011 年版，第 66 页。

  ② 程序法向度的"法定原则"是指，"只有法律才能确定负责审判犯罪人的机关以及他们的权限，确定这些法院应当遵守什么样的程序才能对犯罪人宣告无罪或者作出有罪判决"。参见［法］卡斯东·斯特法尼等：《法国刑事诉讼法精义（上）》，罗结珍译，中国政法大学出版社 1999 年版，第 10 页。

权，司法机关不得行使；司法机关也不得违背刑事诉讼法所明确设定的程序规则而任意决定诉讼的进程。①

该理论自提出以来，得到了学界的广泛重视，虽亦有质疑②，却仍是赞同者居多③；遗憾的是，程序法定原则未能被《刑事诉讼法》所确立，亦没有达到"帝王原则"④之期许。如此一来，刑事诉讼法教义学即陷入尴尬境地，与其说是法教义学，毋宁称之为**司法解释教义学**，而司法解释的正当性本就存疑，很难"借助权威的宣言和源自信仰的接受"而将其预设为"大体合理"。如德沃金（Ronald Dworkin）所言，法律作为阐释性概念，需要法官（检察官）将其运用至具体的个别场域，并根

---

① 谢佑平等：《程序法定原则研究》，中国检察出版社2006年版，第30页。

② 关于对程序法定原则的质疑与回应，可参见黄士元：《程序是否需要"法定"——对"程序法定原则"的反思性评论》，载《中外法学》2006年第4期；江涌：《"程序法定原则"不能成立吗——兼与黄士元博士商榷》，载《政治与法律》2007年第4期。

③ 例如不少学者将其视为刑事诉讼法应有的首要原则。参见陈卫东主编：《模范刑事诉讼法典》，中国人民大学出版社2005年版，第132页；宋英辉：《刑事诉讼原理》，法律出版社2007年版，第66页。

④ 关于"帝王原则"，参见万毅、林喜芬：《现代刑事诉讼法的"帝王"原则：程序法定原则重述》，载《当代法学》2006年第1期。

据对法律诚挚的理解进行解释。①法律当然包括程序法,因此刑事诉讼过程中,在办案人员裁量权范围内,对法律规范漏洞的填补、续造甚至"微调"均是正当的;但是否可以由司法机关以抽象解释的方式替代个案解释,进行"二次立法",笔者认为,值得商榷。作为制度后果,"二次立法"所导致的,是刑事诉讼法教义学沦为**"二次解释"**,甚至在研习之初,需要在纷杂的司法解释**中寻找和整理出所谓"教义"**。有趣的是,"解释"本身并不新鲜,之于刑事诉讼法学研究亦然,只是当下我们提倡的刑事诉讼法教义学,似乎是接受了司法解释无法被立法解释所取代的现实,从当初程序法定原则追问的"由谁解释"转向了"如何解释"。

司法解释的存在,让司法机关面对学理解释之时,会呈现出"任你自说自话"的"傲慢",例如侦查阶段辩护律师的调查取证权,虽然在司法解释出台之前已有研讨,但司法解释仍坚定了原本立场,这至少足以说明两点:其一,立法本意即倾向于不赋予辩护律师在侦查阶段的调查取证权;其二,说明学理解释并未引起足够重视,未能抓住司法解释出台之前的契机而从"二次解释"跃升为"首次解释"。实际上,立法与司法机关的立场十分明确,条文"打架"或许只是立法技术存在缺陷,并

---

① 参见〔美〕德沃金:《法律帝国》,李常青译,中国大百科全书出版社1996年版,第364页。

非文不达意而需要学者探寻条文背后的立法目的；其实学者也深知这一点，穷尽解释方法欲展现条文的"**深层含义**"，却仍是沿袭"**立法中心主义**"之进路，希冀立法或司法解释能吸收学理解释的内容，从而丰富或转变制度设计。"以修法为目的"恰恰是法教义学批判社科法学的关键所在，如今在刑事诉讼法学研究中，自己却也未能"免俗"；况且，如此之法解释学的缝缝补补，并不能根本性地解决刑事诉讼法存在的诸多问题。无论是立法、司法抑或学术研究中，法教义学的体系思维均不在场，刑事诉讼知识无法以整体的形式加以呈现，各个部分的逻辑关系也很难关联起来，因而，解释往往只能关注个别问题，而不能发现问题之间更大更广的关联，更不用说发现蕴藏其间的原理；同时，缺乏体系化之总结过去、演绎新知的功能，刑事诉讼法学研究也就失去了进一步推动法律发展的基础，[1]即便通过解释发现了问题和漏洞，也不过是"碰巧"而已。体系形成的方法，包括利用编纂概念（Ordnungsbegriffe）、类型模块、功能概念（Funktionsbestimmte Rechtsbegriffe）等，[2]而绕不开的，是法律原则对体系形成的积极意义，原则不仅可以作为

---

[1] 参见黄茂荣:《法学方法与现代民法》，法律出版社2007年版，第572—573页。

[2] 参见黄茂荣:《法学方法与现代民法》，法律出版社2007年版，第574—616页。

演绎式体系的基石,更可能以对流的"交互澄清"来实现体系内的合意与融贯,而在刑事诉讼领域,程序法定原则有能力扮演基石之角色,提升程序刚性,以此为逻辑起点,规整刑事诉讼法体系;并且,刚性不等同于僵化,法律内部体系绝非封闭,毋宁是保持"开放"的,其演化可能来自立法的转变、法学的认识乃至司法裁判的修正,[①]而程序法定原则也并不反对学理解释和司法机关个案解释,其反对的仅仅是现有的"立法式"司法解释——阻碍刑事诉讼法形成法教义学传统的根本性因素。

三、运作样态之流弊:法外因素对法内系统的侵蚀

纵然《刑事诉讼法》及其司法解释的体系化程度还有待提高,但并不是说所有条文均是模棱两可的。例如,《刑事诉讼法》第7条规定了公、检、法三机关分工配合制约原则,[②]这一原则在1979年《刑事诉讼法》[③]中即已确立,并写入1982年《宪法》,上升为由《宪法》[④]保障的中

[①] 参见[德]卡尔·拉伦茨:《法学方法论》,陈爱娥译,商务印书馆2003年版,第348—359页。

[②] 《刑事诉讼法》第7条:"人民法院、人民检察院和公安机关进行刑事诉讼,应当分工负责,互相配合,互相制约,以保证准确有效地执行法律。"

[③] 参见1979年《刑事诉讼法》第5条。

[④] 参见《宪法》第140条。

国特色刑事司法体制。对于分工配合制约原则,各机关司法解释中,并未出现异议或冲突,各机关司法解释几乎均保留了"分工负责,互相配合,互相制约"的表述,可见,对这一刑事司法体制的认同度,至少在条文中表现得相当高。如果按照价值无涉的内部视角,学者即可在法教义学向度上研习"分工""配合""制约"的关联,及其对下位原则和一般规则的约束力,从而平衡各阶层之法益,形成体系内部互动的最佳状态。法教义学的生命力,在于其制度性与实践性,即为法律运作提供相对稳定的指引;但至少在分工配合制约原则上,试图在法教义学向度上作出实践指引或理论诠释,无异于掩耳盗铃。"分工负责"是"相互配合"与"相互制约"的前提,刑事司法实践中的大部分案件也确实如此,但在有些疑难复杂或影响广泛的案件中,"重配合、轻制约"甚至"只配合、不制约"的传统理念,使得刑事诉讼过程沦为单向思维所支配的线形诉讼结构,存在控审不分离、控辩不平等的现象,有的时候审判只是对侦查结论的形式审查和确认。

体制弊病的直接后果,即**架空程序设计**。刑事司法实践的诸多问题,根源上并非法律条文本身不合理,而是在运作中走了样,甚至部分规定没有得到实践的检验即被束之高阁。例如,即便勉强将《刑事诉讼法》及其司法解释奉为"教义",从法教义学向度审视我国刑事诉讼证明标准,《刑事诉讼法》关于侦查终结移送起诉、提起公诉、作出有罪判决的规定中,采"证据确实、充分"

之表述；这本是一种追求真实的高标准，但司法实践中却并非如同教义所期望的那样运作，如此规定意味着证据链条的质量可能从侦查终结移送起诉起就毫无变化，使得审判在司法实践中可能异化为对侦查结论的形式审查和确认，审判机关不得不将事实认定与证据评价的权力在"只配合、不制约"的大案、要案中让渡于侦查机关。① 关键在于，不仅在审判时法院面临法外因素的侵扰，冤错案件的发现和复查，也往往是媒体先于司法机关"发现"，并借助舆论引发社会关注，从而进入复查程序，根本上，仍是行政权影响司法权的显现——尽管这样的影响貌似收获了纠正冤错案件的良好结果，却并非法教义学向度上审判监督程序的自觉运行。

当然，前述之运作样态在刑事司法实践中仍是少数，集中于大案、要案，而在事实清楚、证据充分的一般案件中，刑事诉讼之程序设计基本得到有效施行。在齐佩利乌斯（Reinhold Zippelius）看来，虽然法律规范不会因为个别的违反行为而失去其效力，但其实效性（Wirksamkeit）仍然含有事实因素，也即，它事实上在社会中仍有很大的可能性被遵守和执行。② 引申至我国刑事司法场域，《刑事诉讼法》的效力当然不会因为少数异化

---

① 参见谢澍：《认真对待证据裁判——以张辉、张高平案为样本的分析》，载《东方法学》2013年第3期。

② 参见［德］齐佩利乌斯：《法学方法论》，金振豹译，法律出版社2009年版，第10页。

状态而完全失去效力，但长此以往，法外程序根植于刑事司法实践即会自成"潜规则"，**其事实因素同样可能使其获取实效性**，从而形成一明一暗、两套规则的状态；法安定性的两大具体要素是导向确定性和贯彻确定性，前者欲求明确的、可理解的、稳定的行为规范，后者是指既定规范得到遵守和贯彻，二者相辅相成，规范唯有得到有效贯彻，方能提供导向确定性。[①]由此观之，刑事诉讼法之安定性无法得到有效保障，其权威性自然存疑，更何况，个案成本会直接影响制度利益。而法教义学者不问法律究竟为何，法律认识在何种情况下、何种范围中、以何种方式存在，虽并不意味着法教义学者必然拒绝批判，但即使批判，也是对法律规范进行批判性审视，在系统内部论证，却不触及现存体制。[②]这样的话语姿态显然不适合**当下的**刑事诉讼法学研究，不仅系统——甚至尚不足以称为"系统"——内部受到法外因素的侵蚀，再精细的论证也**无关痛痒**，难以获取制度性与实践性；更重要的是，倘若体制弊病得不到有针对性的描述、分析，即无可能对症下药、洞见实践立场背后的逻辑——理论研究永远不能自欺欺人地无视实践样态。

---

① 参见［德］莱因荷德·齐佩利乌斯：《法哲学》，金振豹译，北京大学出版社 2013 年版，第 187—188 页。

② 参见［德］阿图尔·考夫曼、温弗里德·哈斯默尔：《当代法哲学和法律理论导论》，郑永流译，法律出版社 2013 年版，第 4 页。

四、方法鼎新之对话：程序法向度的社科法学研究

学术研究走向成熟的标志之一，即逐渐将目光聚焦于方法论之上。我国刑事诉讼法学研究之所以尚不够成熟，并非不用"方法"，而是研究"方法"尚不深入，倘若缺乏对方法本身的清晰认识，盲目使用所谓方法，不过是追逐学术时尚的"作秀"罢了。

对于我国的刑事诉讼法学研究而言，需要追问：其一，何种方法适合当下转型时期的刑事诉讼法学研究；其二，我国刑事诉讼法学的本性为何。[1]

前已述及，即便通过学理解释"发现"了条文中隐藏的意蕴，但只要是立法机关无心为之，即可通过司法解释加以"纠正"或"确认"，甚至无需司法解释，司法机关亦可以在司法实践中"视而不见"；因而，本源上需

---

[1] 实际上，这两个问题并不好回答，即使是我国不少学者奉为圭臬的美国刑事诉讼发展历程中，同样存在争议，例如克雷格·布拉德利（Craig M. Bradley）认为，20世纪60年代以来美国联邦最高法院通过一系列标志性判例所进行的"刑事诉讼革命"是失败的，美国宪法体制导致其刑事诉讼规则以零碎的、一案一判的方式发展起来，相比于其他国家制定统一刑事诉讼法典的方式，缺乏完整性和确定性。（参见［美］克雷格·布拉德利：《刑事诉讼革命的失败》，郑旭译，北京大学出版社2009年版，第63页以下。）但统一法典是否就能带来成功？布拉德利的论断并没有说服力。在一个普通法国度，缺乏法典化的经验研究即断言法典优于判例，显然有些操之过急，因而，在回答这两个问题之前，本身就需要借助社科知识进行经验研究。

要从"**无心**"转变为"**有心**",这并不是法解释学乃至法教义学力所能及的,而是需要社科法学的出场,探寻**立场背后**的问题与逻辑,及其与社会、政治、经济、文化因素的关联。有学者认为,法教义学重视规则,所体现的价值在于追求法的安定性和可预测性;而社科法学要么主张法律应当修改以适应现实,要么认为法律在国家治理和社会行动中至多是解决问题的备选方案之一,其背后基础是一种实用主义逻辑——有用即真理。[1]然而,社会科学研究本身存在三个基本原理,即变异性原理(Variability Principle)、社会分组原理(Social Grouping Principle)和社会情境原理(Social Context Principle),这意味着社会科学研究的本质是变异和差异,而社会分组可减少组内差异,群体变异性又随着社会情境变化而变化。[2]

是故,将上述对社科法学的批判置于转型社会中的刑事诉讼法学研究,其解读未免失之偏颇,忽略了"**差异**"与"**情境**":首先,重视刑事诉讼规则,并不意味着必然收获法的安定性与可预测性,法安定性的两大具体要素——导向确定性和贯彻确定性,受到刑事司法实

---

[1] 参见雷磊:《法教义学的基本立场》,载《中外法学》2015年第1期。

[2] 参见谢宇:《社会学方法与定量研究》,社会科学文献出版社2012年版,第40—43页。

践样态的冲击而难以得到保障，倘若执意将其标榜为刑事诉讼法教义学之价值取向，无异于麻痹自我，更何况，社科法学内部分支林林总总，确有个别忽视法律规范，但亦有学派相当重视对法律规范的研究，例如法社会学中的伯克利学派[①]。其次，我国刑事诉讼法学研究中引入社科法学视角，并非试图修法，而是描述法律的运行样态，并对其实效进行检验、分析，[②]提出有启发性的建议来缓解或阻隔法外因素的侵蚀，其逻辑绝非只是实用主义的"有用即真理"，[③]法外因素侵蚀、司法潜规则运作在某些特定时空下同样是"有用"的，例如前述之纠正冤错案件，但社科法学并不必然予以支持，毋宁

---

① 这也是"法学社会学"的理论视阈，重视嵌入法律中的观念并试图使法学了解其研究，例如"压制型法""自治型法""回应型法"的界分及其内部形态。参见［美］P. 诺内特、P. 塞尔兹尼克:《转变中的法律与社会：迈向回应型法》，张志铭译，中国政法大学出版社2004年版，第18页。

② 例如，我国刑事司法证明模式，可以概括为"以印证为中心的整体主义证明模式"，借助法社会学、法经济学方法对其进行评价，可以在"活法"与"死法"间作出判断，在"公正"与"效率"间作出抉择。参见谢澍:《刑事司法证明模式：样态、逻辑与转型》，载《中国刑事法杂志》2013年第11期。

③ 即便是实用主义的，也并非"有用即真理"，波斯纳（Richard A. Posner）指出，法律上的伟大所隐含的就是"超越法律"（像新传统主义那样狭窄界定的法律），但"超越法律"绝非"逸脱法律"。参见［美］理查德·A. 波斯纳:《法理学问题》，苏力译，中国政法大学出版社2002年版，第564页。

是通过描述加以客观呈现，进而为其回归制度、形成常态做理论准备。在此基础上，**"微观化与技术化"的口号并不能体现任何优势**：一方面，社科法学同样可以从"宏观"走向"微观"，例如，法社会学中，除了"秩序与冲突"、"规范性与客观性"之争以外，社会学分析的"层次"是第三条——也是最后一条——理论分界线，虽然大部分理论确实更加关注社会宏观层面的社会结构和过程，但也存在关注社会互动层次的微观视角，其核心理论流派是"符号互动主义"[①]，而近年来我国学者开启和拓展的个案研究，同样聚焦于法律运作的具体乃至局部样态，并非宏观审视法律与社科知识的关联。另一方面，游走于法条之间显然不是唯一的"技术化"手段，例如，很难相信，法的经济分析在成本与收益间来回推敲，以实现"均衡"的尝试，[②]竟然称不上一种"技术"？

理论成果的爆炸式增长，使得刑事诉讼法学在我国已然成为一门显学。但是，刑事诉讼法学的话语资源，并未能达到与其他部门法对话之前提，所谓对话，即

---

① 这一微观理论视角的发展沿革，可参见［美］马修·戴弗雷姆:《法社会学讲义——学术脉络与理论体系》，郭星华等译，北京大学出版社2010年版，第125页以下。

② 实际上，这样的分析甚至更加细致入微，刑事程序与证据领域的研究范例，可参见［美］理查德·波斯纳:《法律的经济分析》，蒋兆康译，法律出版社2012年版，第816页以下。

2013年年初以来社科法学与法教义学的论战。[①]2014年5月31日至6月1日,"社科法学与法教义学对话会"在武汉召开,这是至今两者之间最大规模的一次专题研讨,然而,参与其中的刑事诉讼法学者远不及其他部门法学者。[②]不仅是此次会议,刑事诉讼法学界在整个对话过程中都较为沉寂。

重点在于当前刑事诉讼法学研究推崇的**实证研究或法解释学,均不能诠释社科法学与法教义学之精义**。前已述及,法条的解释仍是刑事诉讼法解释学的核心,但真正的法教义学,除了将现有法秩序视作教义加以解释,还需要经历体系化建构的过程,显现逻辑一致性和融贯性,从而实现漏洞填补乃至法律续造,某种意义上,纠结于某一条文如何解释、何种解释方法优先适用,不过是杯水车薪;更重要的是,在现有法秩序受到诟病,法体系"跑风漏气"的前提下,盲目地进行解释,并不必

[①] 例如陈景辉与王博阳的交锋(参见陈景辉:《法律与社会科学研究的方法论批判》,载《政法论坛》2013年第1期;王博阳:《关于法律和社会科学的一种非典型性误读——与陈景辉先生商榷》,载《政法论坛》2013年第6期),亦可参考谢海定的梳理(参见谢海定:《法学研究进路的分化与合作——基于社科法学与法教义学的考察》,载《法商研究》2014年第5期)。

[②] 参见龚春霞:《竞争与合作:超越学科内部的藩篱——"社科法学与法教义学的对话"研讨会综述》,载《光明日报》2014年6月18日,第16版。在此之后,尚无如此大规模的社科法学与法教义学的专题研讨。

然带来知识增量,即便有,也很可能是保质期不长的**对策法学**罢了。①刑事诉讼法是一门"知易行难"的学科,之所以在司法实践中呈现异化趋势,并非皆是法律本身存在毛病,更可能是法律运作中遭遇了社会力量、政治力量的冲击和阻力,这也正是为什么近年来实证研究在刑事诉讼法学领域尤为盛行。遗憾的是,**这恰恰显现出我国刑事诉讼法学者对"社科法学"的误解**,要么将"社科法学"与"实证研究"完全区分为不同阵营②,要么将二者在某种意义上相等同③;加之对"实证研究"本身的认识也存在偏差,把实证研究狭义地理解为基于数据分析的定量研究,或先"定量"再"定性",通过数据的堆砌,印证理论观点的正当性。实际上,实证研究包括定量和定性,并且定性研究通常比定量研究更具生命

---

① 参见谢澍:《刑事诉讼法学缘何缺席方法论之争》,载《检察日报》2015年5月12日,第3版。

② 这一观点以左卫民教授为代表;同样,主张"法解释学"的万毅教授在展望我国刑事诉讼法学研究时,将"社科法学""实证法学""法解释学"区分为三个流派。参见左卫民:《法学实证研究的价值与未来发展》,载《法学研究》2013年第6期;万毅:《微观刑事诉讼法学——法解释学视野下的〈刑事诉讼法修正案〉》,中国检察出版社2012年版,第2页。

③ 参见宋英辉、王武良主编:《法律实证研究方法》,北京大学出版社2009年版,前言。

力；[①]当然也有学者认为，思辨、内省、个人体验、观察和直觉能增进我们的理解，但仅为补充作用，并不应取代定量方法的主导地位；[②]而域外刑事司法研究也确实呈现出对于定量方法的推崇趋势，并且已经形成一定的经验总结[③]。但这并不意味着我国刑事诉讼法学研究应当趋炎附势：一来目前十分擅长定量研究——**不仅仅是形式上的数据分析**——的刑事诉讼法学者还较少；二来定性之基础尚不扎实，若未在"定量"之前通过社科知识之"定性"提炼问题，很可能造成数据的偏差，徒增研究成本。

值得注意的是，近两次《刑事诉讼法》的修改均有大量内容是经过"试点"检验的，不同之处在于，2012年《刑事诉讼法》修改的相关内容主要是学者推动"试点"建设，2018年《刑事诉讼法》修改所涉及的认罪认罚从宽制度、监察体制改革等内容均是人大授权"试点"，但无论如何，"试点"始终走在实证研究的"时尚"前沿。建立试点成本高昂，需要大量的人力、物力、财力和时间，离不开课题立项或实务部门的支持。"试点"显然属于"典

[①] 参见费孝通：《社会调查自白——怎样做社会研究》，上海人民出版社2009年版，第16页。

[②] 参见谢宇：《社会学方法与定量研究》，社会科学文献出版社2012年版，第8页。

[③] See Gerald J. Bayens, Cliff Roberson. *Criminal Justice Research Methods: Theory and Practice*. CRC Press, 2010.

型调查"，即"个案研究"——从点到面循序渐进的一种研究模式，但我国法学学者对于"试点"往往仍是先"定量"再"定性"，这样的研究成果同样需要经受客观性的拷问。必须指出，"试点"的个案研究与社科法学的微观视角并不等同，"试点"有别于自然状态下的个案，例如，试点期间通常组织研讨会，由课题组或实务部门介绍试点情况，但在这种特殊场景之下，面对"研究者"的"符号权力"，所推介的"经验"又有多少可靠性？① 因此，在实证研究热潮的背后，我们需要冷静地认识到，大量堆砌数据并不意味着研究的客观性与可靠性得到保障，相反，田野调查的访谈、参与观察似乎更加原汁原味。这样的学术契机并非遥不可及，越来越多的刑事诉讼法学青年学者、博士研究生挂职于实务部门——这正是刑事诉讼法学研究的"田野"。当然，社科法学研究需要以**旁观者**的姿态进行参与、观察，保障描述的客观真实，某种意义上，这恰恰是法教义学者所提倡的"价值无涉"，是故，挂职于"田野"仍需保持田野调查的学术伦理与学术渴望，而不能被部门利益所左右，唯有如此，方能认识并发展出适应中国语境的社科知识与方法。

---

① 一些"试点"本身就是由司法机关主导展开并逐步推广的（参见张智辉主编：《附条件不起诉制度研究》，中国检察出版社2011年版；张智辉主编：《简易程序改革研究——辩诉交易制度研究结题报告》，中国检察出版社2010年版），其设立之目的即推动修法。

五、小结：穿越理论迷雾

本章试图勾勒出刑事诉讼法解释学"非驴非马"的尴尬：一方面，极力撇清与"注释法学"的关系；另一方面，与法教义学存在的距离，却不仅仅是称谓不同而已。缺乏体系思维的立法、"喧宾夺主"的司法解释、法外因素支配的司法实践以及社科法学的强势竞争，意味着——至少目前——刑事诉讼法解释学向刑事诉讼法教义学靠拢的可能性并不大，更何况，以法教义学的眼光审视刑事诉讼法教义学，却呈现"**法教义学反对法教义学**"之吊诡。尽管，社科法学在刑事诉讼法学研究中同样不够成熟，甚至存在误解，需要在日后的研究中加以澄清和发展。需要说明的是，社科法学与法教义学并不冲突，更谈不上孰优孰劣，只是对于刑事诉讼法学——本章研究之范畴——而言，新一轮的修法即将到来，新法应当如何修改，又如何保障法律的有效实施，需要学者贡献智识资源，对于有碍法律实施的社会、政治、经济、文化因素，社科知识或许更具解释力和说服力；当然，在法律适用上，社科知识的引入，最终仍需要在法教义学向度上进行说理、达成共识，这并不意味着两种方法相互杂糅，①只是二者之间

---

① 参见张翔：《走出"方法论的杂糅主义"——读耶利内克〈主观公法权利体系〉》，载《中国法律评论》2014年第1期。

并非"你死我活",完全有条件"携手共存",方法多元可能为司法实务提供更具操作性和实践意义的理论资源,并推动学派的真正形成,进而保证持续、良性的知识产出。对于作为学术憧憬的刑事诉讼法教义学而言,在未来某个阶段,或许会——自觉而非刻意地——化作学术传统,但在形成稳定的法秩序并有效运行之前,刑事诉讼法学者——尤其是青年学者,需要更多地穿越理论迷雾,走向社科法学的广阔田野,而不是寄身于法教义学的峰峦之中,"云深不知处"。

第二章

直面『复杂性』：
认罪协商制度研究的方法论启示

近年来，在我国刑事诉讼法学研究之中，"认罪认罚从宽"无疑是最热门的理论关键词之一，无论是从理论产出的数量，还是发文刊物的级别来看，"认罪认罚从宽"的理论关注度均呈现出逐年递增的趋势。即便2018年《刑事诉讼法》修改已经将"认罪认罚从宽"以基本原则和重要制度的形式加以确认，巩固了前期刑事司法改革的主要成果，但具有复杂性的刑事司法实践却不断对学术研究提出新的需求，诸如认罪认罚从宽制度中检察机关的主导责任、量刑建议的内容与效力、被追诉人的上诉权限制、值班律师的定位与作用等，即《刑事诉讼法》修改后新的理论追问。有关认罪认罚从宽制度的学术思潮一时间难以消退，理论推进的脚步也不会停止，但在此进程中，究竟多少理论成果具有真正的智识增量，又有多少研究是"新瓶装旧酒"重复过往论述，值得反思。学术研究离不开经典文献和研究方法，过往研究之所以能成为经典，往往正是得益于有效运用了科学且适当的研究方法，因而，我们在援引经典文献支撑学术观点的同时，也应当汲取其中的方法论启示。在认罪认罚从宽乃至刑事诉讼法学的研究中，尤其需要一次这样的理论反思，否则既无益于理论推进，也难以为司法实践所用。

一、西学何以为用：域外理论与本土改革的相遇

尽管晚清洋务运动最终以失败告终，但"中学为体，西学为用"的指导思想，却在中国知识界、思想界和学术界留下了深刻烙印，以至于"中西二元论"逐步发展为晚近以来惯用的认知框架，持续影响着包括法学在内的理论学科之知识生产。前已述及，"权力"与"权利"、"公正"与"效率"、"保障人权"与"打击犯罪"在西方法学经典的译介过程中逐渐成为刑事诉讼法学向度的核心理论话语，虽与本土之传统诉讼文化并不能直接相容，却也促成了权利意识的唤醒和法治理念的培育。而在参照系的选择上，我国刑事诉讼虽有强职权主义之色彩以及苏联刑事诉讼之痕迹，却在改革之初更倾向于以英美当事人主义诉讼为借镜，1996年《刑事诉讼法》修改时的审判方式改革即如此。受当时中青年学者语言能力以及留学背景的影响，美国刑事诉讼制度是主要的比较与借鉴对象。很自然地，适用率超过95%的辩诉交易制度，作为美国刑事诉讼之标志性"象征"，在世纪之交进入刑事诉讼法学者视野，并在2002年的"中国辩诉交易第一案"前后达到高潮。学者们就辩诉交易制度中的诉讼民主、权利保障、诉讼效率，以及辩诉交易之于我国刑事诉讼制度的可契合度等论题展开了广泛研讨，但

这一阶段的成果更多是基于制度的初步介绍和比较,[①]并没有达成理论与实践的普遍共识,其话语热度也逐渐消退。

但制度推进并没有因为理论的暂时沉寂而停滞,在2012年《刑事诉讼法》对简易程序作出进一步改革的基础上,2014年《中共中央关于全面推进依法治国若干重大问题的决定》提出了"完善刑事诉讼中认罪认罚从宽制度"的基本方向,并先后授权在18个省市开展刑事速裁程序试点以及认罪认罚从宽制度试点,其良好成效在2018年《刑事诉讼法》修改时得到认可和吸收,自此认罪认罚从宽制度正式成为《刑事诉讼法》的一项基本原则和重要制度。[②]此番认罪认罚从宽制度的推行,采取了较为温和的渐进式发展模式,以试点的方式先行试错,而非一刀切的修法式变革。在此期间,"认罪认罚从宽"也成为近年来最热门的理论话语之一,引发了持续和深入的学术争鸣,包括辩诉交易在内的"西学"资源被再次拾起,供认罪认罚从宽制度借鉴和反思。虽然当前之认罪认罚从宽制度明显有别于十余年前受到部分学者批判的美式辩诉交易,即不得对罪名、罪数进行"交易",

---

① 这一阶段的理论成果可参见陈光中主编:《辩诉交易在中国》,中国检察出版社2003年版。

② 参见卞建林、谢澍:《刑事检察制度改革实证研究》,载《中国刑事法杂志》2018年第6期。

但无论是美国法上的"辩诉交易",抑或德国法上的"刑事协商",本质均是一种将被追诉人视为诉讼主体,进而参与诉讼程序、作出理性选择的认罪协商制度,可以在对其经验进行理论反思的基础上,抽象出其中合理因素加以参考。在此语境下,一批新的译介成果得以产出,对我国认罪认罚从宽之理论与实践意义重大,其中,《庭审之外的辩诉交易》[①]即为一经出版便受到高度关注的一部佳作。

《庭审之外的辩诉交易》的核心部分是斯蒂芬诺斯·毕贝斯(Stephanos Bibas)教授2004年发表于《哈佛法律评论》的一篇长文,[②]从发表时间上看,这篇顶级期刊论文遗憾地与我国刑事诉讼法学界关于"辩诉交易"的第一次集中讨论失之交臂,故而在当时并没有进入本土学者之理论视野。但在十余年后,虽然美国理论界与实务界关于辩诉交易制度的争论不断推进,我国之认罪认罚从宽制度也呈现出全新样态,毕贝斯教授关于辩诉交易的经验描绘与理论诠释却仍然富有学术生命力,或许这与其理论与实践的双栖身份和知识背景关系密切:曾任宾夕法尼亚大学法学院教授,先后求学于哥伦比亚

---

① [美]斯蒂芬诺斯·毕贝斯:《庭审之外的辩诉交易》,杨先德、廖钰译,中国法制出版社2018年版。

② Stephanos Bibas. *Plea Bargaining outside of the Shadow of Trial*.117 Harvard Law Review 2463,2547(2004).

大学、牛津大学和耶鲁大学；亦曾担任美国联邦最高法院肯尼迪大法官助理、纽约南区联邦检察官办公室检察官，现任美国联邦第三巡回上诉法院法官。正是得益于毕贝斯教授对理论和实践的高度理解力与敏感度，《庭审之外的辩诉交易》中虽不乏关于辩诉交易制度运作样态的客观描绘，却并未止步于美国辩诉交易的制度介绍或判例梳理，而是在经验事实的基础上，借助社会科学知识作出积极的理论推进。就此而言，《庭审之外的辩诉交易》不仅可以为正在推进和完善的认罪认罚从宽制度提供"西学"之知识参考，更重要的是，可以被视为社会科学方法介入刑事诉讼法学研究的一个范本，供认罪认罚从宽乃至刑事诉讼法学之研究者借鉴和反思，这也是方法论层面更为深远的意义所在。

二、知识增量：制度背后的逻辑

刑事诉讼法学是一门"知易行难"的学科。所谓"知易"意味着仅仅从条文上观察并不复杂，但这不代表刑事诉讼理论研究同样是"易"的：刑事司法的独特性质以及对社会生活的直接介入，一方面导致其始终处于社会矛盾和冲突的中心，另一方面也决定了刑事司法实践的"行难"。而刑事诉讼法学研究的重点正应放在"行难"之上，发现司法实践与制度设计的偏离，并运用理论对经验事实进行梳理和提炼，最终将刑事司法的"复杂性"用理论之话语充分呈现。就此而言，刑事司法实践的"复杂性"决定了"行难",而"行难"又倒逼刑事诉讼法学研究直面"复杂性",由此方能产生实质意义上的知识增量。《庭审之外的辩诉交易》即遵循如上路径,进而直面辩诉交易之"复杂性"的理论著作。

本书中文版书名运用了相对易懂——同时也较为保守——的译法,当然其中涵盖了译者、出版者所作的多方考虑,却也从侧面说明"Shadow of Trial"具有较高的理论性,倘若直译,或许会带给普通读者一种智识上的距离感,以致更难进入作者的理论世界。但"庭审阴影模型"(Shadow-of-trial model)的确是毕贝斯教授在辩诉交易制度上直面"复杂性"的逻辑起点。这一理论原本在民事调解的研究中占据主导,尔后在辩诉交易的研究成果中也得到广泛应用。即有观点认为,辩诉交易受到预期庭审结果之影响,交易很大程度上反映的是庭审后可能发生的实质结果减去一个固定折扣,易言之,庭审的定罪可能性以及量刑幅度,在很大程度上决定了辩诉交易的结果。但在毕贝斯教授看来,庭审阴影模型由于过于简单化,而对充满"复杂性"的辩诉交易制度缺乏足够的解释力:一方面,在各类案件中均存在许多扭曲交易的结构性因素,在庭审结果之外同样影响着辩诉交易的实践;另一方面,庭审阴影模型假定,辩诉交易的每个参与者均趋于理性,事实却并非如此。[1]由此,毕

---

[1] 参见[美]斯蒂芬诺斯·毕贝斯:《庭审之外的辩诉交易》,杨先德、廖钰译,中国法制出版社2018年版,第1—4页。

贝斯教授进一步作出理论推进的思维路径，即将辩诉交易制度中的各方主体还原成制度背后自然意义上的人，而非制度运转的零部件，易言之，从主体在制度运行中的喜怒哀乐、身心状态、认知方式、风险偏好、角色定位等多角度出发，打破制度原本的愿景与想象，还原制度运作的真实样态。

首先，之所以辩诉交易并不只是预期庭审结果减去一定折扣的加减计算，部分原因即在于诸多结构性因素的综合影响。第一，在代理成本和道德风险上存在两个层面的问题，检察官并非总是客观公正，以及律师更在乎经济利益。申言之，减轻工作量、确保定罪率，以及追求政治抱负而塑造公众形象，是检察官推动辩诉交易的主要原因。原本根据庭审阴影模型预测，大多数争议案件应当进入庭审程序，但现实却是，自利促使检察官将毫无争议的案件推向庭审，[①]而真正存在争议的案件却在非公开的辩诉交易中处理，实质架空了陪审团审判。

[①] 实际上，检察官的利益本就是辩诉交易兴起的重要因素之一。另一位美国著名学者费希尔（George Fisher）以 19 世纪的马萨诸塞州米德尔赛克斯郡为样本，分析了检察官在辩诉交易兴起之初，推进这一制度的三大行为动机：上升的案件数量压力；降低胜诉难度，提高有罪裁决率；制злить法官量刑裁量权的权力。可见，保证案件客观公正、维护被追诉人利益，本就不是检察官推动辩诉交易的动机。参见［美］乔治·费希尔:《辩诉交易的胜利：美国辩诉交易史》，郭志媛译，中国政法大学出版社 2012 年版，第 27 页以下。

此外，辩护律师同样会为其声望考虑，进而避免庭审的失败，加之经济利益的冲突也使许多辩护律师倾向于进行辩诉交易，即便其客户可能获取并不有利的谈判结果。倘若指派公设辩护人，可能并不会得到被追诉人足够的信任，但其巨大的工作量以及与检察官、法官密切的合作关系，也促使其推动辩诉交易。但现代量刑规则的复杂性，又对律师之于规则的熟悉程度提出了新的要求，否则庭审阴影理论所标榜的预期庭审结果便是无法确定的。[1]第二，量刑机制的合理程度，直接决定辩诉交易的公正程度。庭审阴影理论的一个前提假设，即辩诉交易双方都对交易条件具备精准把握，易言之，需要对庭审后可能的定罪和量刑具有较为准确的预测。就此而言，被追诉人原本需要的是平缓的量刑梯度，但现有的量刑规则大多呈现断崖式的特征，即大幅度的、分散的、没有梯度区分的，导致许多被追诉人无论罪行和证据有何不同，均得到同样粗糙的量刑折扣。[2]第三，较之庭审阴影，审前羁押更可能左右辩诉交易。从被追诉人的角度出发，当然期望自由而非牢狱之灾，但审前羁押这一既定事实的存在，很可能导致被追诉人迫切地希望进行

---

[1] 参见［美］斯蒂芬诺斯·毕贝斯：《庭审之外的辩诉交易》，杨先德、廖钰译，中国法制出版社2018年版，第9—21页。

[2] 参见［美］斯蒂芬诺斯·毕贝斯：《庭审之外的辩诉交易》，杨先德、廖钰译，中国法制出版社2018年版，第22—25页。

辩诉交易，即便存在无罪可能。而审前羁押又会阻碍被追诉人与律师的会见，进而降低其抗辩能力。由此观之，辩诉交易过程中，审前羁押的影响可能远大于所谓庭审阴影的考量。[1]第四，信息不对称可能导致辩诉交易在非理性的状态下进行。控辩双方可能在证据开示之前已经开始或完成辩诉交易，但被追诉人在信息不充分的情况下所进行的交易谈判往往是盲目的。控方的欺骗、恐吓、夸大其词，对应被追诉人的无知、恐惧和怀疑，即便被追诉人的确无辜，也可能因为对有罪证据缺乏足够认识而作出非理性的交易选择。[2]

其次，庭审阴影模型假设所有行动者均是足够理性的，但辩诉交易过程中的心理陷阱，却导致决策往往是非理性的，不完美的。第一，过于自信和自利偏差将妨碍辩诉交易。自利偏差导致人们按照符合己方意见或符合自身利益的方式去解释信息，一旦过度高估赢得庭审的概率，即会提出不合理的要约并拒绝对方提出的合理要约，从而减少了妥协的可能。即使是有罪证据极其充分的案件，倘若被追诉人对庭审之胜算过于乐观，也可

---

[1] 参见［美］斯蒂芬诺斯·毕贝斯:《庭审之外的辩诉交易》，杨先德、廖钰译，中国法制出版社2018年版，第26页。
[2] 参见［美］斯蒂芬诺斯·毕贝斯:《庭审之外的辩诉交易》，杨先德、廖钰译，中国法制出版社2018年版，第26—30页。

能并不情愿接受实质有利的辩诉交易。[1]第二，乐观主义心理扭曲了对定罪和量刑的预期。有罪感和羞耻感导致被追诉人往往很难向他们的律师——甚至向他们自己——承认罪行，这也妨碍了对真相的认知。易言之，一旦错误地相信自己无辜，被追诉人很可能高估自己在庭审后被判决无罪的可能性，进而在是否进行辩诉交易的问题上作出不利的判断。[2]第三，智力、年龄、性别、收入以及精神状态等因素所导致的冲动始终影响着决策。惯犯、暴力犯更容易冲动，因而对未来成本的折现率更高，在接受辩诉交易之前会要求较高的量刑减让，谈判也相对困难。相反，初犯、偶犯或无辜者相对不易冲动，所以更渴望达成辩诉交易，以确保实现未来的量刑利益。但正是因为惯犯的高要价，他们在辩诉交易中可能比初犯、偶犯甚至无辜者获得更有利的交易条件。[3]第四，风险偏好和风险认知决定了被追诉人在庭审和辩诉交易之间的选择。对被追诉人而言，选择庭审的收益可能是无罪开释和彻底自由，但是通常情况下，更可能是被定罪或被判处更长刑期。相比之下，辩诉交易使得无罪开释

---

[1] 参见［美］斯蒂芬诺斯·毕贝斯:《庭审之外的辩诉交易》，杨先德、廖钰译，中国法制出版社2018年版，第33—36页。
[2] 参见［美］斯蒂芬诺斯·毕贝斯:《庭审之外的辩诉交易》，杨先德、廖钰译，中国法制出版社2018年版，第37页。
[3] 参见［美］斯蒂芬诺斯·毕贝斯:《庭审之外的辩诉交易》，杨先德、廖钰译，中国法制出版社2018年版，第38—39页。

的概率降低，却使得量刑变得更加确定，但即便如此，是否选择辩诉交易仍取决于被追诉人的风险偏好。[①]第五，框架效应主导着各方在辩诉交易中的表达。积极框架既增强了人们对风险的认知，同时也减少了他们的风险行为，而消极框架的效果则相反。人们往往认为，被追诉人可能面临牢狱之苦，而检察官则一定能从辩诉交易中获益，所以较之受损失框架影响的被告，受收益框架影响的检察官更愿意做出让步并接受辩诉交易。同时，受到审前羁押的被追诉人可能将自由视作一种收益，因此在辩诉交易中更容易妥协。[②]第六，锚定效应可能影响辩诉交易中量刑减让的可接受度。人们在进行决策时通常不会过于偏离他们最初选定的参考值。例如，检察官提出一个20年有期徒刑的要约，被告或许会认为这是一个不合理的要约，但这个要约却可能被视为初始参考值，当检察官修正要约，降低到15年甚至更短的有期徒刑时，要约就变得相对可接受了。锚定效应也解释了为何检察官拥有影响法官量刑的权力，以及控方为何乐于过度指控。[③]第七，律师在纠正当事人心理偏差过程中发挥关键

---

① 参见［美］斯蒂芬诺斯·毕贝斯:《庭审之外的辩诉交易》，杨先德、廖钰译，中国法制出版社2018年版，第40—43页。

② 参见［美］斯蒂芬诺斯·毕贝斯:《庭审之外的辩诉交易》，杨先德、廖钰译，中国法制出版社2018年版，第44—46页。

③ 参见［美］斯蒂芬诺斯·毕贝斯:《庭审之外的辩诉交易》，杨先德、廖钰译，中国法制出版社2018年版，第47—49页。

作用。从心理学上而言，较为合理的纠偏技术是要求被追诉人从反面思考问题，因为盲目乐观、自利倾向、否认心理、框架效应、锚定效应或损失规避都可能促使被追诉人相信自己经过庭审会被判无罪而拒绝辩诉交易。但律师可以引导当事人关注对自己不利的证据和理由，促使其考虑反方观点，并抵消否认心理和盲目乐观心理的影响。①

三、方法创新：社会科学的视野

细心的读者会发现，《庭审之外的辩诉交易》并没有花费多余笔墨在制度安排或判例演进上，这在遵从判例法传统的美国刑事诉讼法学研究中并不常见。相反，毕贝斯教授从"庭审之外"的结构性因素和心理学因素两个层面出发，勾勒出辩诉交易制度背后的运作逻辑，由此论证了开篇所提出的理论判断——庭审阴影模型由于过于简单化而对充满"复杂性"的辩诉交易制度缺乏足够解释力。但正如陈瑞华教授在该书中文版序言中的评价："作者在总结辩诉交易制约因素过程中，并没有简单地否定庭审阴影模型，而是对其作出了改进和修正，使

---

① 参见［美］斯蒂芬诺斯·毕贝斯：《庭审之外的辩诉交易》，杨先德、廖钰译，中国法制出版社2018年版，第50—58页。

之更加符合辩诉交易的现实。"[1]当然，倘若质疑过往理论并试图进行改进和修正，研究者需要给出更具解释力的方法和路径，而毕贝斯教授破解"复杂性"的理论工具，即社会科学知识，并将其诠释为"辩诉交易的结构—心理学视角"，作为传统理论模型的补充：一方面，该书容纳了经济学、社会学、心理学乃至认知科学等交叉学科的前沿理论，并配合生动和具有亲和力的语言加以呈现；另一方面，社会科学方法并不是简单的理论堆砌或知识糅杂，毕贝斯教授从"庭审阴影模型"出发，紧扣"复杂性"这一主线，让社会科学知识服务于"复杂性"的科学阐释并获取知识增量，借助理论话语将"庭审之外"非制度性的运作样态付诸学术性之表达。就此而言，该书的研究遵循了三个基本步骤：首先，与过往经典理论对话，并对其缺陷作出初步判断；其次，运用社会科学知识和方法对经验事实进行诠释，呈现实践样态的"复杂性"；最后，作出理论推进，提出更具解释力的理论框架。

前文提到，虽说《庭审之外的辩诉交易》的核心部分英文版发表于十余年前，但至今仍有相当的理论价值，而延续成果之学术生命力的关键，即在于方法论的创新。毕贝斯教授指出，关于结构性因素和心理学因素，主要是描述性研究，这两部分的论述目的在于说明庭审阴影

---

[1] ［美］斯蒂芬诺斯·毕贝斯：《庭审之外的辩诉交易》，杨先德、廖钰译，中国法制出版社 2018 年版，序言第 2 页。

模型过于简单。①所谓"描述性研究",并非平铺直叙,而是将经验事实与社会科学知识相结合,进而作出有力的阐释。很大程度上,"描述性研究"是一种"我发现"的理论视角,而非"我认为"。对此,已有我国学者加以区分并指出:过往研究中,由"我认为"带出的理论、观点随处可见,但这些理论观点所依据之事实证据的发现过程及其展示事实证据的方法却显得相对单薄,倘若研究者认为其理论具有独特性,那么首先需要阐释新发现的相关事实,并且这种新的事实应当是规范的研究程序运作所产生之结果,得到了规范的描述和展示。②但需要注意的是,虽然从"我发现"的事实和证据出发,毕贝斯教授却并非止步于"我发现",他同样在"我发现"的基础上提出了"我认为",不同之处在于,这是一种建立在理论之上的、改良主义的"我认为"。申言之,毕贝斯教授将辩诉交易作为一个既成事实和给定条件来看待。尽管辩诉交易根深蒂固,很难被废除,但是立法者仍然可以对一些影响交易进程的程序进行改进。就此而言,简单、激进地主张废除辩诉交易,既缺乏理论根基,也很难被实践所接受。因而,在方法论上,该书先是借

---

① 参见[美]斯蒂芬诺斯·毕贝斯:《庭审之外的辩诉交易》,杨先德、廖钰译,中国法制出版社2018年版,第6—7页。
② 参见白建军:《少一点"我认为",多一点"我发现"》,载《北京大学学报(哲学社会科学版)》2008年第1期。

助社会科学的理论视野，基于"我发现"的立场，指出刑事司法实践的实际样态远比庭审阴影这一经典理论模型——强调预期庭审结果影响下的完全知情和理性——更具"复杂性"，并同步论证了这一理论模型的严重误导性，进而在此基础上由"我认为"的姿态描绘理论改进之可能，提出辩诉交易的改良方案包括但不限于：降低交易的不确定性；完善量刑指南制度；避免财富决定交易质量；规制代理人的道德风险；防范与刑罚不相关的因素影响公正。[1]

  需要说明的是，如果仅仅结合了社会科学知识，并不必然说明研究运用了社会科学方法，还应当从社会科学方法论的规范性视角加以研判，因而，倘若将该书置于更广义的社会科学研究层面考察，不仅能进一步检验其方法论之成色，或许还可以更深刻地理解方法论的具体运用。研究法律或法律制度，最传统的方法是将其作为"法律"加以观察，亦即仅仅从一套关乎正确和错误行为、权利和义务的成文或不成文规范出发。但这种法律观显然容易导致"法律"具有独立或超越社会的性质，从而忽视"行动中的法"之不同样态。法律本就是社会的产物，规范本身并不能告知我们规范是如何运作的，

---

[1] 参见［美］斯蒂芬诺斯·毕贝斯：《庭审之外的辩诉交易》，杨先德、廖钰译，中国法制出版社2018年版，第59页及以下内容。

因而需要用社会科学的眼光加以评判。[1]在此意义上，涂尔干（Emile Durkheim）曾指出，社会科学研究者需要明确并发现客观的社会事实，并根据观察社会事实的准则，将社会事实脱离社会个体并作为"物"进行客观考量，排除预断和理论预设。[2]也正如马克斯·韦伯（Max Weber）强调的"价值无涉"之于社会科学研究的意义，避免价值判断先行以及让事实说话，是社会科学研究的基本立场。[3]延续前文所述，《庭审之外的辩诉交易》的研究立场，本就是跳出制度设计的窠臼和经典理论的束缚，将制度运作过程中的社会事实作为研究对象进行分析，而毕贝斯教授所强调的"描述性研究"也正是在"价值无涉"之前提下作出的客观呈现，侧重于"辩诉交易"在实然层面的运作样态，而非"辩诉交易"在应然层面的价值选择。当然，既然是社会科学研究，那么就不仅需要立足于社会科学的基本立场，还应当遵循社会科学的基本原理。具体而言，社会科学研究本身存在三个基本原理，即变异性原理（Variability Principle）、社

---

[1] 参见［美］劳伦斯·M.弗里德曼：《法律制度——从社会科学角度观察》，李琼英、林欣译，中国政法大学出版社2004年版，第1—2页。

[2] 参见［法］E.迪尔凯姆：《社会学方法的准则》，狄玉明译，商务印书馆2017年版，第35页以下。

[3] 参见［德］马克斯·韦伯：《社会科学方法论》，韩水法、莫茜译，商务印书馆2017年版，第151页以下。

会分组原理（Social Grouping Principle）和社会情境原理（Social Context Principle），这意味着社会科学研究的本质是变异和差异，而社会分组可减少组内差异，群体变异性又随着社会情境变化而变化。[①]是故，社会科学方法介入刑事诉讼法学研究，需要更多关注"变异""差异""情境"，尤其是从规范到实践的"变异"，以及个体的"差异"和社会的"情境"。以《庭审之外的辩诉交易》为样本，辩诉交易的制度设计以及庭审阴影的理论假设，勾勒出规范意义上的制度样态，但刑事司法实践的复杂性导致"变异"产生，实践意义上的制度样态与规范意义上的制度样态存在区别；个体又可以细分为辩诉交易的各方参与者，包括被追诉人及其律师、检察官、法官甚至社会公众，借助社会科学知识得以将不同个体间的"差异"充分呈现；而社会既包括作为整体的美国社会，也包括作为局部的各州之社会样态，社会之"情境"深刻地影响着制度运行，而各州之间社会样态的微妙差异也决定着辩诉交易制度运行的多元样态。就此而言，《庭审之外的辩诉交易》不仅借助经济学、社会学、心理学等社会科学知识增强了论证之理论性和说服力，还遵循社会科学研究之基本立场与基本原理，采用了一种"标准"的社会科学研究方法。

---

① 参见谢宇：《社会学方法与定量研究》，社会科学文献出版社2012年版，第40—43页。

四、刑事诉讼法学研究如何直面"复杂性"

《庭审之外的辩诉交易》从辩诉交易制度切入,为读者呈现出两个层面的"复杂性":一是刑事诉讼制度及其实践的复杂性,二是刑事诉讼法学研究的复杂性。实际上,这两个层面的"复杂性"是具有普遍意义的,之于我国刑事司法实践与刑事诉讼法学研究同样如此。该书当然可以为正在推进和完善的认罪认罚从宽制度提供"西学"之知识参考,但不应止步于何为"西学"、如何借鉴,还应当知晓"西学"生产的基本方法。就此而言,该书作为美国刑事诉讼法学研究的权威作品,在方法论意义上的启示或许更为深刻。具体至我国刑事诉讼法学研究,直面"复杂性"的三个关键词,即"充分""合理""谨慎"。

(一)实践样态的充分把握

正是得益于毕贝斯教授的实务经验,其研究区别于传统的学院派学者,尽管具有扎实的理论铺垫和精彩的知识闪光,但该书却是以刑事司法实践——甚至是庭审之外非正式的实践样态——为研究基础的。理论与实践、知识与方法的充分对话和良性互动,让《庭审之外的辩诉交易》在美国辩诉交易研究的众多优秀成果中脱颖而出,并且长期保持学术生命力。作为一门"实学",刑事诉讼法学相较于其他部门法学更加依赖司法实践，刑事诉讼法学研究不能固步自封地自说自话，也不能简单地以知识增量抑或理论学说作为评价标准：一方面，需要从司法实践中汲取学术灵感和实证材料，从实践问题出发展现良好的问题意识；另一方面，需要对司法实践产生影响方能体现学术价值，切实推动程序法治进步才是衡量理论贡献的真正标尺。

目前，我国刑事诉讼法学研究的理论与实践仍存在隔阂，还对彼此抱有误解：理论研究者担忧司法实践者对理论成果的接受度有限；而司法实践者往往抱怨理论研究者缺乏对实践的真正理解，观点过于超前或缺乏可操作性。因而，从理论研究的角度出发，不能仅仅停留在追逐国内外立法与司法热点上，而是应当对本土和域外的实践样态具备充分把握，以此作为研究之前提。

"中国问题"本就具有"复杂性"，我国刑事司法实践同样如此。以认罪认罚从宽制度为例，虽然已被立法所吸收和认可，但各地仍延续着试点时期的地方经验，制度细节上存在较大差异，易言之，繁多的地方规则仍然主导着认罪认罚从宽的制度形态和程序运作，试图充分把握并非易事。①而在域外实践样态上，研究者通常缺乏直接获取实证材料的资源和能力，故而借助文献梳理

---

① 参见林喜芬：《认罪认罚从宽制度的地方样本阐释——L、S、H三个区速裁试点规则的分析》，载《东方法学》2017年第4期。

加以体悟，但文献的译介或与实践并不完全相符，或存在一定的滞后性。例如，关于认罪协商制度中的辩护权保障问题，如果仅仅是援引近年来美国联邦最高法院一系列判例，就以此作为论据试图证实美国辩诉交易从重视效率逐渐转向重视公正因而值得借鉴，显然是缺乏事实基础的。或有学者将视野投向职权主义传统中的认罪协商制度，寻求其中关于辩护权的保障经验，但以德国为例，刑事协商制度的兴起本就与辩护方式的改变相关。20世纪70年代后，原本消极、被动的刑事辩护活动开始向着积极、主动转变，刑事诉讼中部分可以阻挠或延迟审判程序的规定被新一代律师充分利用，德国法院迫于压力开始采取较快捷的诉讼程序。然而，我国认罪认罚从宽制度并不具备类似的事实基础，辩护方式与认罪认罚从宽制度的兴起并无直接关联，辩护全覆盖的命题也是配合认罪认罚从宽制度方才产生的，辩护本就缺乏"主动"。[1] 是故，认罪协商制度的有效辩护，需要在充分把握域外实践的基础上谨慎借鉴，汲取真正有益且与本土制度环境可能兼容的合理因素，并从本土实践中的具体问题——尤其是值班律师制度——出发，进而得出适

---

[1] 参见卞建林、谢澍：《职权主义诉讼模式中的认罪认罚从宽——以中德刑事司法理论与实践为线索》，载《比较法研究》2018年第3期。

应本土的理论成果。①

（二）社科知识的合理运用

社会科学知识的注入以及社会科学方法的运用，是《庭审之外的辩诉交易》具备与众不同的理论价值并长期保持学术生命力的关键所在。受法律现实主义的影响，早在20世纪60年代，法律和社会科学的交叉就已然在美国兴起，"法律和××"的理论范式，容纳了包括经济学、社会学、政治学等社会科学知识的介入，开始撼动法条主义的统治地位。这一思潮不仅影响理论界，还渗透至法学教育的课程设置和知识传授，美国法学院的师生开始转变其知识结构和思维方式，以一种更为开放的姿态拥抱法学以外的知识。而毕贝斯教授接受的法学教育，正是在此番变革的背景之下，这也可以解释其为何拥有全面的社会科学知识和娴熟的社会科学方法。法律和社会科学的交叉，自20世纪90年代中期开始影响我国法学理论，苏力教授称之为"社科法学"，并将其与"政法法学""诠释法学"一同视为我国法学研究的三种基本范式，同时指出其核心问题是试图发现法律或具体规则与社会生活诸多因素的相互影响和制约，即"背后"或

---

① 参见闵春雷：《认罪认罚案件中的有效辩护》，载《当代法学》2017年第4期。

"内在"的道理。①本质上，社科法学延续了社会科学研究"价值无涉"的立场，但与注重逻辑自洽、体系融贯的法教义学相比，社科法学大多从个案或具体问题出发，似乎并不存在统一的研究进路，因此很难集中地形成知识之整体优势，不仅表面上难以与法教义学传统抗衡，同时也受到法教义学者的诟病乃至攻击。②虽然前些年我国法学界关于法教义学与社科法学之论战的硝烟已逐渐散去，但刑事诉讼法学研究仍没有真正摆脱方法论上的尴尬。在2014年那次论战中，刑事诉讼法学近乎失语，一方面，所谓"刑事诉讼法解释学"难以接近法教义学之概念、立场和作用维度，体系内的逻辑一致性和融贯性在论证中未能充分呈现，根本上仍是价值层面的探讨与推断为主；另一方面，社科法学在刑事诉讼法学研究中同样不够成熟，传统刑事诉讼法学研究对于社会科学知识的包容度有限，甚至存在认识上的误解亟待澄清。③

前已述及，刑事诉讼法学是一门"知易行难"的学科，而刑事诉讼法学研究的重点正应放在"行难"之上，发现司法实践与制度设计的偏离，并运用理论对经验事

---

① 参见苏力：《也许正在发生：转型中国的法学》，法律出版社2004年版，第3—20页。

② 参见侯猛：《社科法学的传统与挑战》，载《法商研究》2014年第5期。

③ 参见谢澍：《刑事诉讼法教义学：学术憧憬抑或理论迷雾》，载《中国法律评论》2016年第1期。

实进行梳理和提炼，进而充分呈现"复杂性"。这正是"社科法学"的用武之地，即发现制度背后的逻辑、展现实践内部的道理。事实上，我国刑事诉讼法学研究完全具备接纳社科法学的条件，以定量研究为主的实证研究已逐渐成为我国刑事诉讼法学研究的基本方法，并且初步展现出在成果数量和质量上领先其他部门法学的优势。更重要的是，我国刑事诉讼法学领域的实证研究，本就强调消除理论或价值预设，客观中立地对司法实践进行观察，同时主张借鉴和运用社会科学的研究方法和具体技术。[①] 这显然为社会学、政治学、经济学、历史学、心理学等社会科学乃至认知科学、人工智能等交叉学科的知识介入奠定了基础。但当前实证研究以定量分析为主导，一定程度上忽视了实证研究中的定性分析，[②] 由此决定了社科法学仍徘徊于我国刑事诉讼法学研究的"门外"。其实，定性研究并非意图挑战当前定量研究的主导地位，只是希望更多定性分析的介入，能为社会科学知识之运用提供"窗口"，为制度背后的"复杂性"作出富有新意且恰到好处的理论诠释。

---

① 参见左卫民：《刑事诉讼的中国图景》，生活·读书·新知三联书店2010年版，第251页以下。

② 实证研究包括定量和定性，并且在费孝通先生看来，定性研究通常比定量研究更具生命力。参见费孝通：《社会调查自白——怎样做社会研究》，上海人民出版社2009年版，第16页。

（三）理论模式的谨慎提炼

"庭审阴影模型"是毕贝斯教授之于该书的逻辑起点，作为过往的经典理论，其学术影响力从民事调解延伸至辩诉交易，可谓占据极高的话语权重。面对具有权威性甚至逐渐发展为理论教义的学说，毕贝斯教授的态度既不是人云亦云、重复并遵从这一理论进路，也不是标新立异地提出替代性理论进而全盘否定过往研究，而是选择了一条较为谨慎的"中间道路"，以改良者的姿态发现并论证了"庭审阴影模型"的不足，进而借助社会科学知识探索完善这一理论的知识框架，即"辩诉交易的结构—心理学视角"。实际上，"模式论"并非美国刑事诉讼法学的主流研究进路，尽管哈伯特·帕克（Herbert L. Packer）在20世纪60年代提出的"犯罪控制"与"正当程序"两种刑事诉讼模式影响极其深远，[1]但学者们在理论争鸣的过程中，往往也更倾向于借助判例和学说对前人提倡之模式进行谨慎的修正和改良，而不是从模式

---

① 参见［美］哈伯特·L. 帕克：《刑事制裁的界限》，梁根林等译，法律出版社2008年版，第151页以下。

到模式的"滚动翻新"。①

"犯罪控制"与"正当程序"两种刑事诉讼模式,在20世纪80年代末、90年代初,经我国青年学者译介后得到刑事诉讼法学界的高度关注。②受之影响,不少中青年学者在20世纪90年代初开始对刑事诉讼模式进行系统研究,其中部分成果影响深远,如今甚至已然成为我国刑事诉讼之理论教义,得到广泛传播和援引。陈瑞华教授作为"模式论"运用的代表性学者,将其诠释为"从经验到理论"的重要研究方法,在他的研究中,不仅做到模式分类的常态化,还不断更新其模式理论,例如前几年就在早已深入人心的"私力合作模式"③之上提出"公力合作模式"④,很大程度上推进了相关理论。也正是立足于我国刑事司法之本土实践逐步形成的模式理论,持续提

---

① 虞平教授曾在与笔者交流时感叹道,其编译的《争鸣与思辨:刑事诉讼模式经典论文选译》([美]虞平、郭志媛编译:《争鸣与思辨:刑事诉讼模式经典论文选译》,北京大学出版社2013年版)一书,虽然汇编了近五十年来英美法系、大陆法系在刑事诉讼法学领域著名的"模式"研究成果,但这一工作并不容易,并且发现真正形成影响力的"模式"至少在美国刑事诉讼法学领域仍是十分有限的。

② 参见李心鉴:《刑事诉讼构造论》,中国政法大学出版社1992年版,第21页以下。

③ 参见陈瑞华:《刑事诉讼的前沿问题》,中国人民大学出版社2016年版,第398页以下。

④ 参见陈瑞华:《刑事诉讼的公力合作模式——量刑协商制度在中国的兴起》,载《法学论坛》2019年第4期。

升着我国刑事诉讼法学研究的理论品质。但部分青年学者在效仿过程中，却没有真正聚焦于理论的提炼和创新，而是异化为模式称谓的标新立异，殊不知"新瓶装旧酒"并不能掩饰理论的空洞以及"为赋新词强说愁"的尴尬。就此而言，我国刑事诉讼法学研究发展至今，缺的或许并非"模式"之数量，而是"模式"之精细化程度，需要认真对待前人所提出的理论，并以此为基础继续耕耘，而不是一味地追求独创。需知，只要存在理论推进，便是有知识增量和学术贡献的，并非一定要推翻前人之理论模式抑或独创全新之话语体系，《庭审之外的辩诉交易》便是典范，而认罪认罚从宽制度研究中与纵向诉讼构造、横向诉讼构造之经典理论的对话亦是例证。

仍然以我国之认罪认罚从宽制度研究为例，有论者提出"权利放弃对价说"作为"实体从宽""程序从简"的正当性基础，亦即，国家可以采取简化的诉讼方式并从宽处罚，前提是被追诉人在明知且自愿的前提下主动放弃全部或部分诉讼权利。[①]然而，这一观点或许并不能为实践所接受，放弃诉讼权利本是英美法系之话语，在具有职权主义传统的诉讼程序中，即便引入认罪协商制度，也应当谨慎对待"权利放弃"，否则可能动摇其程序设计的理论基础，并导致程序运作的实践异化。事实上，

---

① 参见赵恒：《论从宽的正当性基础》，载《政治与法律》2017年第11期。

倘若遵循职权主义传统，"实体从宽""程序从简"的正当性基础同样可以得到有效诠释："实体从宽"之正当性基础在于，被追诉人真诚认罪悔罪，刑罚之特殊预防的需要随之相应降低；"程序从简"之正当性基础在于，有罪供述降低了案件证明难度，通过相对简化的程序即可达到法定证明标准。[①]当然，并非数量可观的新模式必然不如过往，其自洽性仍需回到实践中加以检验方可辨别，只是在提出模式之前应当抱有谨慎的学术姿态，首先考察是否存在足以直接对话而获取知识增量的经典理论，借此形成理论的沟通和学术的传承。

五、小结

承蒙译者信任，我曾在《庭审之外的辩诉交易》正式出版之前阅读初译稿，也曾试图在第一时间撰写札记，却因种种原因拖延至今。幸运的是，拖延未必是坏事。在本书出版后，我先是在纽约大学法学院旁听了"辩诉交易：改革一个（不）必要的恶？"（Plea Bargaining: Reforming an（Un）Necessary Evil?）研讨会，有幸在会议期间与毕贝斯教授当面交流，作为第一单元主持人的毕贝斯教授虽没有进行主题发言，但当来自纽约、华盛

[①] 参见谢澍：《认罪认罚从宽制度中的证明标准——推动程序简化之关键所在》，载《东方法学》2017年第5期。

顿等地区的检察官、公设辩护人介绍其辩诉交易实践经验时，他多次打断并追问相关细节，同时强调美国联邦与各州之间的制度差异及其带来的"复杂性"。这次机会促使我加深了对该书中所谓"复杂性"的理解，正如作者在尾声中所提到的那样，"直面复杂，是寻求改善的第一步"[①]；与此同时，也就是在本书出版后不久，我国认罪认罚从宽制度完成了从"试点"走向"立法"的转变，但阶段性的制度成就并没有降低相关研究的热度，立法后在实践中出现的一系列问题，清晰地呈现出"复杂性"的存在。但需要明确的是，阅读该书不仅仅是为了借鉴其中的经验，更应当反思其运用的社会科学研究方法，使关于认罪协商制度乃至刑事诉讼法学的研究有能力直面"复杂性"，而不是叠床架屋徒增学术泡沫。

---

① ［美］斯蒂芬诺斯·毕贝斯：《庭审之外的辩诉交易》，杨先德、廖钰译，中国法制出版社 2018 年版，第 82 页。

中 篇

刑事司法
与社会科学知识

第三章 刑事法官的角色诠释：多元场域与一元惯习

一、场域中的困惑

转型时期的中国司法，面临前所未有的改革机遇，"人财物省级统一管理"，"与行政区划适当分离的司法管辖制度"，"让审理者裁判、由裁判者负责"，如是种种。未曾料想，改革的节骨眼上，不少法官、检察官却选择了离开，其中既有涉猎未深的新人，亦有摸爬滚打多年的骨干。相比于检察官，法官在当下社会显然更受瞩目，公众似乎更愿意把一锤定音的法官作为司法真正的象征，对中国特色检察制度的双重（行政性与司法性）定位也缺乏足够的理论认识，因而，"法官出走"即成了如今司法人员向体制外迁徙的代名词。

谈及此问题，可能难免提及"待遇"，但待遇问题只是表象，早在跨入"院门"之前，准法官们肯定就已经知晓待遇并不丰厚，之所以仍有大量法科生希望进入法官队伍，或许更在乎的是这一职业的稳定性和社会认同感。但真正进入法院之后，高负荷的工作状态让法官们身心俱疲，更重要的是，从"校门"进入"院门"，新任法官们感受到理想与现实的差距，甚至由此感到"困惑"，倘若无法适应，便可能选择离开。

从量上看，刑事法官出走的现象同样存在，却并没有民事法官那么多；但笔者通过调查发现，刑事法官出走的缘由更为复杂，这与刑事法官的特殊角色有关。刑事法官不需要执着于调解，却承受着更大的压力。民事法官大多是从"社会—司法"二元结构的思维进路出发，诠释中立裁判者与纠纷解决者的双重角色。[①]而刑事法官相比于民事法官，除了司法场域和社会场域，更容易受到权力场域的影响，其中难免存在权力干预的现象。刑事法官是否可能单纯地基于"社会—司法"二元结构来审视案件？面对三个不同的场域，刑事法官是否有能力和勇气自如地切换角色？上述问题都决定着其知识谱系与行为模式的刻画以及惯习的形塑——尤其是在难办的公案之中，刑事法官试图消解来自三个不同场域的问题，即有可能面临着场域与惯习的错位甚至割裂的危险。

以此为逻辑起点，本章的研究旨趣在于：首先，理论上运用布迪厄的"场域—惯习"论作为分析工具，从司法场域、社会场域和权力场域中描绘和解释刑事法官的惯习。同时，利用勾勒出的刑事法官境遇之图景，反向研判"场域—惯习"论在中国土壤之上的解释力与自

---

① 参见宋灵珊、谢澍:《"好法官"的角色定位及其知识谱系——以女性民事法官为样本的实证研究》，载《上海政法学院学报（法治论丛）》2014年第3期。

洽性。其次，方法论上尝试在部门法研究中运用社会科学知识，从经验维度认识复杂的社会法律现象。尽管本章不会集中涉及某一具体部门法条文，但刑事法官是运用刑法、刑事诉讼法等部门法的重要主体之一，其当下境遇也直接反映着刑事司法的运行环境，而这正是刑事诉讼法学研究所亟待走向的"田野"。①

在展开正文之前，还需要说明的是：本章并不涉及检察官的相关问题，对于法官，也仅聚焦刑事法官，冀望由此切入，以小见大，勾勒当下中国刑事法官所受制的场域与惯习，以及二者相互关联对于实践的支配作用，②为"刑事法官为何困惑""刑事法官缘何出走"给出一个法律社会学视角的初步解读。

---

① 刑事诉讼法学方法论中的误区及初步澄清，可参见谢澍：《刑事诉讼法教义学：学术憧憬抑或理论迷雾》，载《中国法律评论》2016年第1期。

② 布迪厄（Pierre Bourdieu）认为"场域"（field）是在各个位置之间存在的客观关系的一个网络（network），或一个构型（configuration）；而"惯习"（habitus），不同于"习惯"（habit），旨在克服主观主义与客观主义、实证主义唯物论与唯智主义唯心论的对立，是深刻地存在于性情倾向系统中、作为一种技艺（art）存在的生成性能力，存在于实践操持（practical mastery）的意义之上。惯习与场域之间的关联存在两种作用方式：一是制约关系，场域形塑着惯习，惯习成为某一场域固有的必然属性体现于身体的产物；二是知识或认知建构的关系，惯习有助于把场域建构成一个充满感觉和价值的世界。参见［法］布迪厄、［美］华康德：《实践与反思：反思社会学导引》，李猛、李康译，中央编译出版社1998年版，第134页以下。

二、作为法律人的刑事法官：司法场域的尴尬境遇

布迪厄将"司法场域"定义为："一个围绕直接利害相关人的直接冲突，转化为由法律规制的法律职业者通过代理行为进行的辩论而组织起来的社会空间。"在其理论之中区分了两种行动者，一种有资格参与，另一种尽管发现自己也在其中，但事实上由于自己没有能力完成进入这个社会空间所必需的心理空间（尤其是语言态势）转换，而被排除在外。[1]

在笔者看来，中国法官——特别是刑事法官——或许只是司法场域的"第三种行动者"，具备参与的知识谱系和语言态势，却没有可支配的权力资源：简单的案件之中，刑事法官是满负荷的"自动售货机"，其中绝大多数适用简易程序或案件事实清楚、证据确实充分，社会影响不大，办理这些案件时，法官可以凭借已然内化的法律惯习彰显自身中立姿态，事实上，法官也确实是格式化操作，甚至没有时间和精力来消除所谓中立化的空间距离。难办的案件之中，刑事法官却又沦为象征性的责任承担者，司法权力的行政化运作，疑难案件中尤甚。

随着认罪认罚从宽制度的推行，当前认罪认罚从宽

---

[1] 参见［法］布迪厄：《法律的力量——迈向司法场域的社会学》，强世功译，载《北大法律评论》第 2 卷第 2 辑，法律出版社 1999 年版，第 496 页。

适用率已超过九成。但实际上，对于案件的分类并非绝对，看似"简单"的案件有时候也"难办"，本章所区分的"难办"与"简单"，主要根据案件是否受到法外权力的干涉；并非所有简单的案件都可以格式化处理，法官也可能挑选出其中相对复杂的，在法律允许的范围内，充分利用审理期限，为案件审理争取更充足的时间。

随着社会发展和法律演进，刑事法官不再只是居中高坐的中立裁判者，甚至需要主动放弃中立化的空间距离，从而接近当事人，接近利益冲突的震中；而这，原本是刑事法官与民事法官最大的不同之处。例如，2012年之前，《刑事诉讼法》仅明确自诉案件法院可以调解，当事人可以自行和解，[①]对于公诉案件并没有和解的规定；是故，刑事法官的主要任务是通过事实认定和法律适用对被告人科以刑罚，实现犯罪控制，维护社会稳定。然而，以犯罪控制为导向，却忽视了对被害人损失的弥补以及对社会关系的修复，无利于矛盾化解，更是与维护社会稳定的目的背道而驰。于是，"刑事和解"的试点开始兴起。一方面，刑事和解的兴起给法官带来了新的工作压力，另一方面，刑事法官似乎逐渐开始拥有一定的"自主性"资源。与民事调解相比，刑事和解中法官的自主性仍是十分有限的。但即便这类案件并不占多数，也足以颠覆刑事法官内化的法律惯习，其行为方式开始受到社会场域及惯习的冲击。

---

① 参见1996年《刑事诉讼法》第172条。

其实，与其说是法律惯习发生了转变，毋宁说是法律思维中的"社会因子"被激活了。法官的工具箱里本就少不了社会常识，所谓"常识"是法官个人生活经验的勾勒，除了"法官"之外，他们还可能扮演多重社会角色，诸如父/母、儿/女、党员、学生、兼职教授等，不同的角色有不同的知识谱系和行为模式，法官在司法场域很难完全抛开其他社会角色，专注于法律知识本身。①

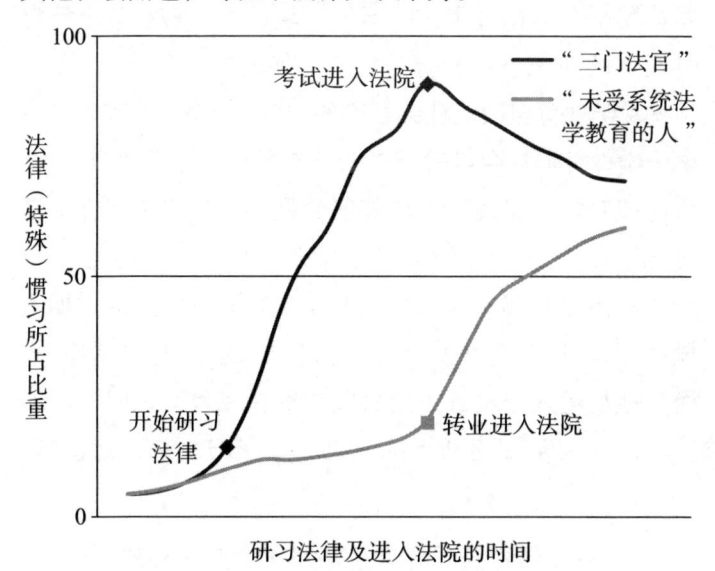

图3-1　法律（特殊）惯习与社会（一般）惯习之生态竞争②

---

① 相关分析可参见谢澍：《司法场域的常识、知识与共识》，载《人民法院报》2016年4月22日，第7版。

② 需要说明的是，此处仅仅是通过图示更加形象地表现一种大致趋势，并未认定具体、绝对的比重数值。

作为具有特殊性的职业，法官所呈现出的法律惯习本是一种与职业相关的**特殊惯习**（specific habitus），法律惯习由更具一般性的社会惯习衍生而来，但却不同于**一般惯习**（primary habitus），具有相对独立性。[1]惯习介于知识谱系与行为模式之间，借助惯习，知识谱系得以在行为模式上形成刻画作用，而行为模式的改变可能反映出知识谱系的更新，因此，从一般惯习到特殊惯习，需要检视整个演化过程，而不仅仅是评价法官在某个特定时间点的知识谱系和行为模式。如图3-1所示，以受过系统法学教育但缺乏社会经验的"三门法官"[2]和未受系统法学教育但社会经验丰富的"未受系统法学教育的人"为比照对象，在其进入法院前后呈现出法律（特殊）惯习与社会（一般）惯习的生态竞争趋势："三门法官"自研习法律之日起，其法律惯习在生态竞争中逐渐占据上风，并在其完成学业、通过考试进入法院时达到峰值，而当他们进入法院真正面对案件的错综复杂之时，法律惯习所占比重却逐渐下降，因为"三门法官"意识到，

---

[1] 关于特殊惯习与一般惯习的区别和演化，Matthew Desmond 教授以消防员惯习为例进行了细致阐释，参见 Matthew Desmond, *Becoming a Firefighter*, 7 Ethnography 387（2006）。

[2] "三门"是指"家门""校门""院门"，现如今通过法考、公务员考试进入法官队伍的新人，大多属于"三门法官"，从家门进入校门，再从校门直接进入院门，这一类法官学历层次较高，法学素养相对较深，但往往缺乏社会阅历和生活经验，也不善于开展群众工作；在司法实践中，一些年长的法官，或许没有经历系统的法学学术训练，但其解决纠纷的能力往往强于"三门法官"。

定分止争还需要更多社会惯习的支援；未系统研习法律的法官，直到进入法院之时，其社会惯习都是在生态竞争中具有压倒性优势的，但其裁判的正当性与合法性需要借助法律惯习加以彰显，因而必须"边做边学"，以使法律惯习与社会惯习达到基本平衡的状态。由此观之，进入法院之初，是否系统研习法律，决定了不同"出身"的法官运用法律惯习支配司法实践的倾向有所差异，但随着时间的推移，两类法官的惯习诠释逐步接近，法律惯习与社会惯习在生态竞争中呈现出此消彼长的关系，可能的原因在于：其一，不同"出身"的法官之间潜移默化地产生影响，法律惯习与社会惯习在日常交往中产生碰撞，从各自对立到相互接纳；其二，司法实践的现实需求，决定了法官不能单一地倚仗法律惯习抑或社会惯习，为适应审判工作的需要，不同"出身"的法官均有必要充实自身知识谱系。

实际上，法官在裁判中百分之百地受法律惯习支配既不可遇也不可求，更无助于提升裁判质量，法律发展的更高境界即一种针对具体情形的"决疑术"（Casuistry），[1]知识谱系的多元化对于裁判原本就是有利

---

[1] 参见［法］布迪厄:《法律的力量——迈向司法场域的社会学》，强世功译，载《北大法律评论》第2卷第2辑，法律出版社1999年版，第496页。

的；同样，对于办案过程中不同知识所占比重如何，也存在不同声音，尤其对于经验、常识在司法中的运用的比重大小，有不同的认识。之所以存在不同声音，首先，在于拥有行政职务的法官一般会更加重视案件处理的社会效果；其次，资深法官也比初出茅庐的法官更有勇气展示案件处理的"自主性"。司法证明中的证据审查、评价，本应是刑事法官自主性的一个集中体现。威格摩尔（John H. Wigmore）在其著述中将证据法学研究区分为司法证明和证据可采性规则两个层面，前者主要注重证据推理过程，也即动态的证明理论；正是其"司法证明科学"思想，促成了"新证据学"（New Evidence Scholars）[1]的诞生，主张运用跨学科方法深入探索。[2]司法证明相对抽象，不同于证据规则的条条框框，同时对于数学、心理学、哲学等交叉学科知识的运用，显然也超越了纯粹的法律惯习。其实，得益于司法证明的客观规律，中国的刑事法官在证据评价中是具有一定自主性的，但很多时候，自主性只能隐藏在形式化的证明标准和以印证为中心的证明模式之下。

法外知识、社会常识的司法运用"名不正、言不顺"，究其成因，不仅仅是司法场域的局部病变，更在

---

[1] Richard Lempert, "The New Evidence Scholarship: Analyzing the Process of Proof", 66 *Boston University Law Review* 439（1986）.

[2] John H. Wigmore, The Science of Judicial Proof: As Given by Logic, Psychology, and General Experience, and Illustrated in Judicial Trials, 3rd ed., Little, Brown and Company, 1937, p. 3.

于社会和权力场域的干预。常识介入司法，本是为了法官更有针对性地运用知识，以免造成裁判的僵化和民众的不理解。借用亚里士多德对知识的类分，法官的知识谱系中绝不能仅有纯粹理性，法律的生命在于实践，法官驾驭案件的能力更多地体现在实践理性与技艺中，就此而言，常识扮演着实践理性的角色，并且"只要人类在延续，这类知识的领域就永远不会荒芜"[①]。社会转型之际，冲突实难避免，司法理应有相适的态度和担当，但对社会的回应不意味着妥协，不能一味追求政绩、树立形象，而忽视考核指标的科学性。

理性的司法过程需要常识与知识的碰撞、协商以及达成共识，借此体现作为实践理性或技艺的法律惯习——正如波斯纳对"实践理性"的比喻，它是一个杂货箱，里面有掌故、内省、想象、常识、设身处地、动机考察、言说者的权威、隐喻、类推、习惯、直觉，等等。[②]

三、作为社会人的刑事法官：社会场域的商谈纽带

社会生活进程是由大量个体的社会行动组成，但与

---

① 苏力：《知识的分类》，载《读书》1998年第3期，第97页。
② 参见［美］理查德·A.波斯纳：《法理学问题》，苏力译，中国政法大学出版社2002年版，第90页以下。

交往相涉的人类思维和行动并非其自由意志的外在流露，而是被生活于其间的社会，通过预设的、传承的、稳定的普遍行为模式所刻画着。①当法官在饭局上对政治、教育、军事等问题高谈阔论时，法官身份所赋予的符号利润（symbolic benefits）被暂时掩盖在谈资之中，往日高高在上的法官，此刻不过是一个普通的"社会人"——社会场域的一般惯习在法官身上从未消去。但更多时候，法官并不同于普通公众，特殊的职业背景使得公众在为法官"预设"行为模式时存在矛盾心理：一方面，法官是令人艳羡的职业；另一方面，法官群体又是不少人眼中权力寻租的重灾区。即便这样，矛盾也并非无法消解，就好像有的法科生在校期间立志要做一名律师，而四年后真正站在十字路口时，却"奋不顾身"地竞争法官职位；日常生活中，公众同样更乐于让法官为纠纷"评

---

① 需要说明的是，拉尔夫·达伦多夫（Ralf Dahrendorf）解释"社会人"的概念时，一并指出"这也是为什么社会学不得不从一种个人主义的起点出发，完全相反于例如系统理论，后者只将人们第一性地理解为社会系统的功能载体"（参见托马斯·莱塞尔：《法社会学基本问题》，王亚飞译，法律出版社2014年版，第57页）。但本章提及"法律人""社会人"抑或后文中的"权力人"，既不是从个人主义出发，更不是置之于系统理论，而是从二者的"中间"切入，通过"场域—惯习"论进行理论诠释。

理",甚至将此视作司法裁判的一次预演。①

如同本章开篇论述的那般,新任法官在就职之初即会感受到理想与现实的差距,进而产生困惑,甚至因此选择出走;而公众介入司法场域时,同样会看见一幅与想象中全然不同的景象:传统公案戏剧的单一叙事——一项犯罪、一个解决和惩罚犯罪的法庭以及一名主持正义的裁判者②——失去了市场;西方法治影视传来的剧场化法庭——陪审团、交叉询问——也不见了踪影。司法的独特性质以及对社会生活的直接介入,决定了它始终处于社会矛盾和冲突的中心;以民主为导向的司法广场化始终具备独特的价值和魅力,与民众"追求正义"的心态尤为贴切。③于是在公案中,公众不再乐于接受法律的符号权力支配,而是借助舆论,促使当事人因素最大化,将社会场域的力量向司法场域渗透;社会惯习所

---

① 例如法官对小区纠纷进行调解。参见宋灵珊、谢澍:《"好法官"的角色定位及其知识谱系——以女性民事法官为样本的实证研究》,载《上海政法学院学报(法治论丛)》2014 年第 3 期。

② George A. Hayden, The Courtroom Plays of the Yüan and Early Ming Periods, 34 *Harvard Journal of Asiatic Studies* 192(1974).

③ 司法的广场化是一种人人直接照面的、没有身份和空间间隔、能够自由表达意见和情绪的司法活动方式,更多地体现出司法的大众化特点。司法的剧场化是指在以"剧场"为符号意象的人造建筑空间内进行的司法活动类型,它对于现代法治的制度、精神和习惯的形成具有内在的潜移默化的影响。参见舒国滢:《从司法的广场化到司法的剧场化——一个符号学的视角》,载《政法论坛》1999 年第 3 期。

挑战的，不仅是法官的法律惯习本身，更是整个权力关系网络——司法场域。符号权力的运作依赖于实践之认可，取决于主客体之间的吻合性，而非二元对立的强制性，但若是符号权力所依赖的符号利润逐渐淡化，即可能产生新的符号争夺，其后果是，符号权力的移转造就社会惯习对法律惯习的反向支配。原本进入司法场域意味着默认了这一场域的基本规则，而法律的符号权力也只有通过被支配的受众之合谋才能在其获得认可的范围内行使——尽管承受支配效果的对象大多时候并没有意识到这种合谋；①但社会与司法的紧张关系，使社会不仅没有接受司法场域的游戏规则，反而将社会场域的一般惯习强加至司法决策，久而久之，造就司法场域的"潜规则"——舆论获取符号利润进而支配司法。这正是刑事法官所最不能承受的。

　　面对公众过度的关注，刑事法官显得形单影只，法律惯习难以获得来自社会场域的承认，也无法得到司法场域内部的支持，甚至不得不承受来自权力场域的指令，这就是为什么图3-1中"三门法官"在进入法院后，其法律（特殊）惯习在与社会（一般）惯习的生态竞争中反而呈现劣势。在布迪厄眼中，普通大众和法律

---

　　① 参见［法］布迪厄:《法律的力量——迈向司法场域的社会学》，强世功译，载《北大法律评论》第2卷第2辑，法律出版社1999年版，第496页。

专家建立劳动分工,这一理性化进程的最佳状况,就是基于法律的裁决与基于公平直觉的判断之间的分离不断加大。现实却是,**分离愈大,共识愈少**。司法裁判本是观点之间的对抗,但这种对抗只能通过"权威"的判决加以解决,这个"权威"的权力又是社会赋予的。问题由此而来,社会显然难以接受法官依照外行无法掌握的深奥逻辑自说自话,在封闭的空间内制造问题及其解决方法。场域本身即权力对抗的存在,有领导和被领导者,一味地强化对抗,就可能转化为符号争夺,以致法律惯习失去原有的符号权力。在司法场域直接对抗的行动者都拥有某种技术性的资格能力(technical competence),这种能力实质上就在于社会所认可的解释整套文本之能力,[①]其理性表达即**商谈**,基于法教义学向度,可以将场域内的对抗适当地转化为法律惯习对社会惯习的"引导"和"对话",进一步通过文本解释确认合法化的社会图景,避免前述之符号争夺所带来的司法公信力缺失。正如齐佩利乌斯(Reinhold Zippelius)所言:"对公开性原则也应当有一定的限制,即公众的参与应当尽可能以理性的方式,而不是情绪化的方式进行。尤其是在一个电视化的时代(笔者注:发展至今已是网络化乃至

---

① 参见[法]布迪厄:《法律的力量——迈向司法场域的社会学》,强世功译,载《北大法律评论》第2卷第2辑,法律出版社1999年版,第496页。

大数据时代），各方参加者不应成为公众娱乐的'消遣对象'。"①我们很难以"非理性"为由拒绝公众的参与，"情绪化"恰好又是公众的特质之一，理性商谈缺位的当下，这种情绪化宣泄往往成为左右司法、影响裁判的重要因素。

　　让法官专注于案件，中立、公正地进行法律判断，最理想化的方式即自我（内部）控制，实现由社会人、权力人向法律人的角色切换，阻隔非法律惯习进入司法场域。然而，法官也食人间烟火，自然本质如影随形，绝对的角色切换并不现实，僵硬地转身却往往带来两种后果：一是法官自认为已经切换角色，却潜意识中将社会惯习、权力惯习带入司法场域；二是法官确已切换角色，以法律惯习进行裁判，但语言姿态的差异却导致结构性敌对的形成，公众难以领悟专业术语所蕴含的深层逻辑，却又质疑裁判疏离社会惯习而缺乏合理性。就结构性敌对而言，通常意义上是指法律体系内"法律理论家"与"法律实务者"的符号争夺，即关乎权威性解释的对立关系。

　　在中国语境之下，司法场域的权力结构内，各群体之间相对权力趋于均衡，既不同于欧陆之法律教条支配司法实践，亦不同于英美之司法实践支配学术教育，反

---

① ［德］莱因荷德·齐佩利乌斯：《法哲学》（第六版），金振豹译，北京大学出版社2013年版，第279页。

倒是司法场域之外社会力量的侵入，在法律人与社会人之间形成聚焦于"法律（司法）认识"的符号争夺，"法言法语"之于社会公众缺乏足够的支配力，社会场域进而形成一套自主的话语体系，建构起对于法律的朴素认识。例如，刑事和解，在法律人看来是提高诉讼效率、修复社会关系的制度创新，但在社会人眼中可能只是"花钱买刑"；以教育、感化、挽救为方针的未成年人司法制度中，少捕、慎诉的发展趋势，同样可能异化为社会话语向度的"放纵"。考虑到司法场域与社会场域的紧张关系，程序（外部）控制或许更具实效，司法不可能像形式主义主张的那样，独立于社会生态而建立起自主的学说和规则，但有的时候，一些看似"形式主义"甚至"教条"的元素，却能发挥润滑剂的作用，让司法获取更多的社会认同。

正如阿列克西（Robert Alexy）指出的那样，一些形式，如对判决的公开讨论，准许随时从法律商谈过渡到普遍实践商谈，而另一些形式，如法学（教义学）的争论至少不可能是没有界限的。[①] 社会惯习往往受朴素的正义观所支配，具有主观性，需要理性加以指引，借助"法感"在现行有效法和共同体秩序的约束下对正义问题达成合意。

---

① 参见［德］罗伯特·阿列克西：《法律论证理论——作为法律证立理论的理性论辩理论》，舒国滢译，中国法制出版社2002年版，第262页。

刑事法官不必刻意撇清自身社会惯习对裁判形成所带来的影响，实际上这种影响并不见得是负面的，前已述及，刑事案件中常识和经验判断尤为关键，甚至不亚于民事案件。但社会惯习对司法场域的介入应当是有限度的，这一限度的程序控制需要裁判说理中的教义学思维加以宣示。① 过往，中国社会关于司法的争论或许从来与"商谈"无关，信息不对称、观念不协调，"你说法律、他说道理，你说实然、他说应然"，以为种下了共识的种子，收获的却是分歧。朴素的正义观需要理性加以指引，方能克服主观性，在现行有效法和共同体秩序的约束下对正义问题达成合意。而当前司法信息公开的践行，倒逼法官加强裁判说理，借此彰显裁判的正当性，公众通过新媒体平台亦可更加自如地监督司法、参与司

---

① 本章以法律社会学为理论工具，但这里同样提及法教义学，由此即触碰了当下社科法学与法教义学的论战。管见以为，不存在纯粹的社科法学或法教义学，二者也并不冲突。社科法学从外部对场域、惯习、成本、收益等进行考量，更多是从学理的角度分析问题，但不意味着对法律规范本身视而不见；而法官在办案过程中则必须运用法教义学思维，通过具有解释力的言说来证成裁判的正当性，即使法官在审视案件的过程中融入了社科知识，也需要借助法教义学在法律文本中为其常识、经验的引入检索合法性依据，例如《刑事诉讼法》将"排除合理怀疑"作为认定"证据确实、充分"的三个条件之一，由此法官可以基于经验法则对"合理怀疑"进行评价，"自主性"也足以名正言顺地融入裁判说理。

法。[1]虽然这样的改革动向贴合司法广场化所潜在的道德正当性——追求"阳光下的司法",[2]甚至部分破坏了司法剧场化的内在品质和结构平衡,却在司法场域与社会场域之间造就理性商谈的契机,进而可能达成法律共同体乃至社会共同体之共识。其实,绝对的司法广场化抑或司法剧场化不过是理论假设,并非趋向完美,反而成本高昂。某种意义上,司法论证和决策获取合理性和正当性的标准即普泛之认同,因而,司法不仅要说服当事人,更要说服公众、学者,理性商谈需要走出法庭,延伸至社会乃至权力场域。事实上,社会场域的普通公众同样具有法律资本,但他们的利益和世界观与专业人士相比确有不同,**结构性敌对并不必然需要消解**,相反,敌对甚至可能成为有益的补充,这本身就是一种微妙的劳动分工——受到不同场域和惯习的制约,却针对同一对象相互影响;鉴于法官角色的多栖性,理应在社会场域和司法场域之间发挥纽带作用,通过理性(法律)商谈引导结构性敌对转化为**反思交往上的共识**。

---

[1] 参见谢澍:《司法信息公开:误区、澄清与展望》,载《东南学术》2015年第1期。

[2] 参见舒国滢:《从司法的广场化到司法的剧场化——一个符号学的视角》,载《政法论坛》1999年第3期。

四、作为权力人的刑事法官：权力场域中左支右绌

国家的建构与权力场域的建构相伴而行，在不同资本——经济资本、军事资本、文化资本、司法资本等——的集中化过程中，相应的不同场域得以兴起和巩固，而这一过程的最终结果即产生中央集权资本（statist capital），使得国家对不同场域和其中不同种类的资本施展权力。作为一种**元资本**（meta-capital），中央集权资本集中化的表现则是**元场域**——权力场域——的兴起和巩固，进而对社会场域、司法场域在内的其他空间网络产生影响。[1]而权力场域对司法场域的支配，正符合工具主义的基本理念——将法律作为服务于国家统治的一种工具。现实语境之下，权力场域对司法场域的影响并不仅仅是通过权力对抗实现的，计量考核、请示汇报等工作机制如同将刑事法官置于全景敞视之下，而科层式架构恰好满足规训监视中类似"中继站"的层级需求，加之定期检查、年度总结等行政化管理手段促使层级监视与规范化裁决得以结合，[2]**国家（宏观）权力的支配由此转**

---

[1] 参见［法］布迪厄、［美］华康德：《实践与反思：反思社会学导引》，李猛、李康译，中央编译出版社1998年版，第134页以下。

[2] 福柯认为，规训的手段包括"层级监视""规范化裁决""检查"。参见［法］米歇尔·福柯：《规训与惩罚》，刘北成、杨远婴译，生活·读书·新知三联书店2012年版，第193页以下。

化为规训（微观）权力的渗透。对于刑事法官而言，规训之后果在于：其一，根据能力和表现被加以划分；其二，被施加经常性的压力。规训权力的静态表现方式避免了权力对抗，却在潜移默化中颠覆了法官的惯习与角色定位。

考虑到中国语境下"法官"与"公务员"的同质性，对法官业务能力的官方肯定，不只是职业荣誉，也在于行政职务。行政职务越高，离审判第一线越远，最有经验和能力的法官却远离了最需要自己的地方，从受考核者转化为考核者。既然视自己为公务员，大多数法官都希望在体制内谋求一官半职，然而，僧多粥少，受考核的一线法官身心俱疲，无力坚持即只能选择出走。

其实，"模范法官""先进个人"的符号利润可以用于纠纷解决，但这种符号利润在法院内部行政管理中却并不必然具有市场，业务上可靠不一定在管理上同样出色，这种符号利润可能让当事人接受裁判，却无力使其他法官心悦诚服地接受管理。即使年轻法官们受制于"领导"的符号利润而"明确业务导向"，但这并不意味着"心服"，尽管，他们仍然按照指示完成着任务。

顶层设计者们当然洞见到权力场域对司法场域的畸形化支配，是故，新一轮的改革目标即让司法人员回归本质，明确"司法人员分类管理"，把法院工作人员分为法官、司法辅助人员、司法行政人员，对法官实行有别于普通公务员的管理制度。①因此，不少"领导"需要重新作出职业选择，倘若期望继续保留"法官"头衔，则必须转至业务庭，从事一线审判工作。而部分尚未升迁的助理审判员，虽然改革之前已经担任承办法官，却不得不接受转为"司法辅助人员"的事实。这样的人员重组显然成本更低，却无暇顾及年轻法官的感受，"法官员额制"使其上升空间被进一步压缩。如此改革的本意，是以扁平化管理取代科层式架构，增加法官办案的自主性，但改革成效的显见，仍不是短期内能实现的，法官长期以来形成的权力惯习也依然具有支配力。

五、多元场域形塑一元惯习：反思"布迪厄理论"

倘若场域中的困惑"积攒"到一定程度，直接后果就是"法官出走"。但即便"着手离职"，也并不意味着能够最终脱下法袍，受制于人事关系、档案调动、年限承诺等因素，真正获准离职的法官仍是少数，只是其比例在近两年随着司法改革的推进而有所上升。另一方面，"考虑离开"必然有其缘由，前文所述之困惑是可能之一，场域与惯习的错位意味着脚本与角色的偏差，更

---

① 参见刘子阳：《坚持顶层设计与实践探索相结合，积极稳妥推进司法体制改革试点工作》，载《法制日报》2014年6月16日，第1版。

重要的是，这一现状还让院门之外的求职者产生了顾虑，以至于法院与求职者之间的供需关系逐渐变化。因而，我们有必要重新审视"场域—惯习"论在中国的特殊境遇，进而提炼契合本土的理论话语，借此解释法官为何出走，并为突破司法改革之瓶颈贡献可能的智识资源。

（一）从理论假设到实践样态："场域－惯习"论的中国境遇

虽然本章将布迪厄"场域—惯习"论作为逻辑起点，但中国语境的场域与惯习，以及由此带来的实践乱象，已然**超越**了布迪厄的学术判断——少数情况下，惯习与场域之间并不吻合，原因在于其特有的滞后现象（hysteresis）。① 就刑事审判而言，随着司法改革的推进和法律的修改，刑事审判无论在形式（宣传）或实质上都向着现代化司法迈进，同时也决定了刑事司法场域和惯习的**同步变化**，在这一变化过程中，显然场域和惯习各自都没有被遗忘在"严打"时期，而是复杂地交织。

如图所示，图 3-2 是绝对理想化的刑事法官惯习与权力场域、社会场域与司法场域之间的关系。三个场域相互接壤、相互挤压，如同布迪厄所言："每一个场域都

---

① 为解释"滞后现象"，布迪厄列举了他在阿尔及利亚所观察到的现象：本来浑身前资本主义惯习的农民，突然改变生活方式，置身于资本主义世界之中。参见［法］布迪厄、［美］华康德：《实践与反思：反思社会学导引》，李猛、李康译，中央编译出版社 1998 年版，第 175 页。

构成潜在的开放空间，其疆界是一些动态的界限，这本身就是场域内斗争的关键。"[1]但动态的角力过程尚未造成场域之间的相互侵蚀，而刑事法官在三个场域所形塑的三种惯习（图中三角形）也相对独立，仅在各自场域内加以演绎，因此刑事法官的角色诠释趋向单纯，得以在法律人、社会人和权力人三种角色中来回切换。图3-3是基于实然语境下，中国刑事法官惯习与权力场域、社会场域与司法场域之间的关系。当我们沿着布迪厄的指引，检视"司法场域通过权力场域与整个社会场域之间的全部客观关系"[2]，即可洞见：权力场域作为元场域，将社会场域、司法场域全然覆盖，而社会场域与司法场域相互角力，并各自侵入对方疆界，产生交集。中国刑事法官正是在这一空间（阴影部分）内进行角色诠释，同时受到来自权力、社会、司法三重场域的影响和压力，**形塑成一种兼备权力、社会、法律多元化知识的一元化惯习——特殊惯习与一般惯习彼此竞争却又相互糅杂**，受这一惯习（图中三角形）的支配，中国刑事法官的知识谱系和行为模式逐渐禁锢和统一，难以在三重场域中自如地进行角色切换，以至于角色与脚本产生尴尬的错位。

---

[1] 参见［法］布迪厄、［美］华康德：《实践与反思：反思社会学导引》，李猛、李康译，中央编译出版社1998年版，第142页。

[2] ［法］布迪厄：《法律的力量——迈向司法场域的社会学》，强世功译，载《北大法律评论》第2卷第2辑，法律出版社1999年版，第496页。

事实上，中国语境之下的"影响"和"压力"始终存在，老一代的法官们适应甚至乐于在如此体制之下遮风避雨，但随着法官知识谱系的更新、主体意识的觉醒，新一代法官——受过专业法学训练的年轻法官——开始试图抵抗源于司法场域之外的挤压，角力由此产生。

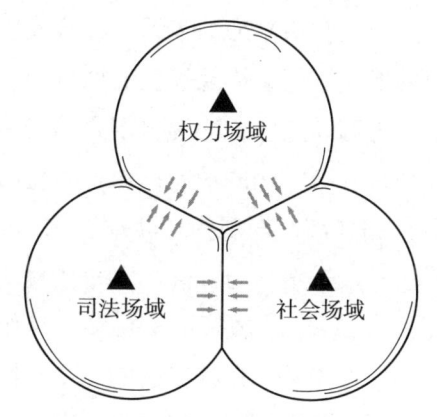

图3-2　三重场域的理想状态

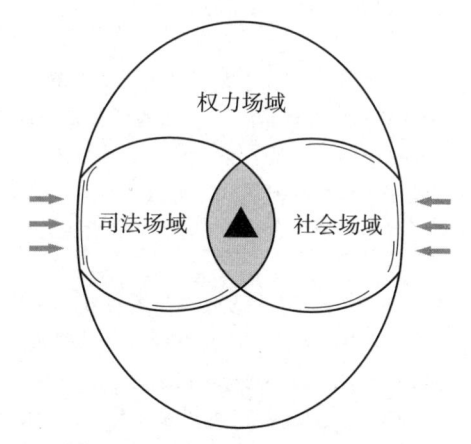

图3-3　中国刑事法官的角色诠释

（二）从知识谱系到行为模式：一元化惯习的再认识

稍谙法学理论的人都可以轻易说出"法院是法律帝国的首都，法官是帝国的王侯……"①抑或"法官除了法律就没有别的上司"②。但这不过是理想化的憧憬。无论是国际准则的追求、政治制度的束缚、经济发展的压力还是本土秩序的回应，都会给现代性的刑事司法提出某种合法性要求，为调和这些合法性要求之间的冲突，刑事司法实践往往只有符号化的功能；而符号化的组织结构会与实际运作相分离，表现为"断藕"（decoupling）现象，导致司法实践被组织与社会的双重语境所塑造，从而反作用于法官惯习。③法官不是机器，是作为鲜活的人而存在，他们首先需要在其受制的三个不同场域中积累"安身立命"的资本，进而获取利于自身角色建构的

---

① 我国学者通常只引用本句的前半部分，而选择性地忽略后半句"但却不是它的先知或预言家"，并且德沃金是将这句话放置在"法律的理想"中论述的。参见［美］德沃金：《法律帝国》，李常青译，中国大百科全书出版社1996年版，第361页。

② 《马克思恩格斯全集》（第1卷），人民出版社1995年版，第180页。

③ 国内较早介绍"断藕"现象的刘思达认为，刑事审判比民事经济案件更加复杂、更费时间，且刑事案件性质较为特殊，因此刑事审判并没有类似的断藕过程（参见刘思达：《法律移植与合法性冲突——现代性语境下的中国基层司法》，载《社会学研究》2005年第3期）。窃以为，这一论断并不必然具有普遍性。本章已从司法场域、社会场域和权力场域中的刑事法官惯习切入，勾勒出刑事审判的断藕过程。

利润。通常，特定资本只有在一个场域关系中才得以生存并发挥作用，以争夺各场域内的特定利益形式和幻想；[1]但权力场域、司法场域和社会场域在刑事审判中的非常规化重合，使得资本得以逸脱场域的束缚，从而在多个空间网络中施展作用：法官的符号利润在日常生活中有了市场，行政权力对司法权力形成常态化支配，社会舆论近乎成为刑事审判的最大变量。刑事法官所扮演的，不再是专注于逻辑涵摄、法律推理的纯粹技术化角色，但并不意味着其知识谱系和行为模式失去了"法律人的特性"，也并非遵循所谓"二元论"，在实定规范与社会事实之间往返；[2]法官和常人一样，只有一种思维，

---

[1] 参见［法］布迪厄、［美］华康德:《实践与反思：反思社会学导引》，李猛、李康译，中央编译出版社1998年版，第139、159页。

[2] 关于"法律人的思维"，苏力认为:"不存在一个法律人可以用来独立于社会判断、作为真理之基础和标准，并得此主张自己君临天下的法律人思维"；而孙笑侠主张法律人思维"二元论"，"即在实定规范与社会事实之间进行结合、协调和平衡，遵循规则和超越法律"。在此基础上，桑本谦指出，应对常规案件，由"理性人思维"到"法律人思维"是一个进化；而应对疑难案件，"法律人思维"相对于"理性人思维"是退化而不是进化，由"法律人思维"回归到以成本—收益为支配逻辑的"理性人思维"才是一种进化。参见苏力:《法律人思维？》，载《北大法律评论》第14卷第2辑，北京大学出版社2013年版，第429页；孙笑侠:《法律人思维的二元论兼与苏力商榷》，载《中外法学》2013年第6期；桑本谦:《"法律人思维"是怎样形成的——一个生态竞争的视角》，载《法律和社会科学》第13卷第1辑。

特别是在一个行政、司法和社会之间有着亲近传统的国度，很难培育足够的意识和能力支撑他们在面对不同场域的问题时，自如地切换不同思维、扮演不同角色。法官的惯习对于其知识谱系和行为模式具有支配作用，就刑事法官而言，受到三重场域的影响而形塑成一种惯习，决定了其思维、行为的一元化形态。相比于普通社会人，刑事法官的知识谱系中有更多的权力、法律甚至社会元素，因而足以彰显"法律人"的与众不同，但并不见得他们可以像"二元论"主张的那样，自如地协调、平衡甚至切换——**知识多元不代表思维多元，更不等于惯习多元**。作为"第二天性"的惯习，很多时候即表现为受访法官口中的"感觉"，一元化惯习满足了决策所需的各种"感觉"，却又避免角色切换所带来的成本提升。如认知科学的研究所示，面对问题，人们会依靠直觉和情感首先做出判断，然后借助理性思考去检验并修正先前判断，进而做出决策；倘若理性思考受阻于高昂的信息费用而无力检验时，人们的决策就会"跟着感觉走"。[①]

（三）从现实错位到内生动力：司法改革的认同基础

如果接受前述之论断，很自然地，刑事司法实践中的吊诡将会得到解释。可以看到，刑事法官身上同时具

[①] 参见桑本谦：《"法律人思维"是怎样形成的——一个生态竞争的视角》，载《法律和社会科学》第13卷第1辑。

备来自三个场域的惯习特征，而他们又很难在不同场域将思维与行为局限于一种特定惯习，因而场域的疆界逐渐模糊，惯习之间趋向融合，直到**化约为各种惯习的最大公约数**。如同刑事法官的工具箱中只剩下了一种智识工具，运用于不同场域，结果是，司法、社会、权力三重场域同时纳入法律、社会和权力知识。而惯习之于**实践操持**的意义上，决定了实践乱象的生成：其一，公众之所以对部分刑事法官不认同，是因为他们可以看见法官身上的社会思维，但这种社会思维因为融入了法律和权力色彩，与朴素的社会思维产生了位移；其二，法官在裁判案件过程中一面要遵从审判委员会意见，一面要考虑社会效果，而最终他们依然需要通过法律论证对自己的裁判加以证成，唯有如此，才能实现裁判的正当性证立，借此逐渐积累在权力支配下谋求升迁（或不受考评否定）的资本，并追求社会认可，避免社会压力；其三，司法机关的官僚制与行政机关之所以存在差异，在于行政机关只受到"权力—社会"二元场域之影响，而司法机关与之相比，还受到司法场域的支配，必须通过中立、被动、终局等现代性的司法特性——哪怕只是形式上——获取合法性支援。

错位的现实，终究不足以阻挡改革推进的车轮。惯习并非宿命，作为历史的产物，它是一个开放的性情倾向系统，始终随经验而变，并不断强化和调整自己的结构。①就此而言，中国刑事法官的一元化惯习，即便称不上完全合情合理，却也并非坏事，场域之间相互争斗、惯习之间生态竞争的结果**并不必然是你死我活**，携手共存同样可能；相应地，当下的刑事司法改革需要认识到"司法场域与权力场域之间，以及司法场域通过权力场域与整个社会场域之间的全部客观关系"②，借此正确理解并充分利用场域与惯习的相互勾连。面对试图出走的刑事法官，简单粗暴地出台限制辞职的规定、拖延人事关系的调动，并不能从根本上挽回人心，唯有通过宏观的革新与微观的转变，赋予刑事法官外部和内部双重认同感，方能使其不再"困惑"，不再试图"迁徙"，借此获取司法改革的内生动力：宏观体制上，现有试点的去行政化改革是一种可能的进路，其运作效果尚有待实证支持，毕竟类似本章前述之担忧并非少数。但至少，改革的方向是没有问题的，**让司法从权力场域适当抽离**，回归"司法—社会"二元结构，通过司法场域和社会场域的对话，形塑以法律惯习为主、社会惯习为辅的刑事法官惯习，或许是适应中国语境的应然选择；微观个体上，刑事法官不能因为压力而选择妥协，或许"站着说话不

---

① 参见［法］布迪厄、［美］华康德：《实践与反思：反思社会学导引》，李猛、李康译，中央编译出版社1998年版，第178页。

② 参见［法］布迪厄：《法律的力量——迈向司法场域的社会学》，强世功译，载《北大法律评论》第2卷第2辑，法律出版社1999年版，第496页。

腰疼",但相信,法官群体中依然有人怀揣着当初的法治理想,即便不曾拥有"王侯"的支配地位,也不会甘于对权力和社会一味服从。更何况,法官凭借自主性,援引法律和社会知识对裁判加以证成,有能力将结构性敌对、群体性焦虑转化为法律论证技术与社会正义观念的互补乃至互利,引导普遍实践商谈回到法律商谈,诠释社会场域与司法场域的纽带角色。

六、小结

行文至此,通过社会科学知识的具体运用,中国刑事法官在转型时期的角色及其困惑已逐步呈现,作为尾声,有必要进行一些方法论的反思和学术立场的说明。

本章将布迪厄"场域—惯习"论作为理论工具,但也仅仅是工具而已。正如本章结论所指出的那样,中国刑事法官所受制的场域和惯习,实际上**已经部分超越了布迪厄的理论假设和学术判断,就此而言**,"场域—惯习"论——至少在中国土壤之上——的自洽性是存有疑问的。法律社会学的根本任务是在社会与法律的模糊地带,**发现**和**勾勒**出问题的清晰样态,并加以**解释**,进而尝试打破传统理论**"迷信"**。是故,本章并没有"改造社会"或"改造法官"那般宏大的学术抱负,既不准备从整体主义出发论述司法体制如何改革才能高效和权威,也不打算由个人主义入手探求法官地位和待遇如何提升方可保持审判队伍的廉洁与活力；何况，论及此题并不必然带来知识增量，与其叠床架屋，毋宁结合自己的田野调查，从整体与个人的"中间"切入，往返于场域和惯习之间，将刑事法官真实的生存样态加以勾勒。

真正的学术期许在于，通过本章的初步描绘，各位同仁日后进一步探索时，可以多一些理性建议，少一些盲目批判，不要因为个例而否定整体，不要因为失望而放弃希望。受制于场域与惯习的错位，新一轮改革动向很难得到立竿见影的效果，但法官们的生存环境已经受到重视，这是一个积极的信号，也是对话和沟通的开端。①虽然涉及改革进路的研究成果早已浩如烟海，更有部分业已付诸实践，当下中国刑事法官的角色诠释却尚未得到充分认识。唯有以此为经验依据，方能**避免改革憧憬与司法生态产生断层**，毕竟，缺乏经验支撑的改革进路不过是循环反复地回到原点——即便在"丰收年"，法治也只能忍痛"亏本粜米"②。

---

① 2016年7月，中共中央办公厅、国务院办公厅印发了《保护司法人员依法履行法定职责规定》，这一规定的实施效果如何，同样有待通过社科法学之视角加以研判。

② 参见叶圣陶：《多收了三五斗》，载叶圣陶：《抗争》，人民文学出版社1985年版，第91页。

第四章

专门知识与专家辅助：从权力支配到认知偏差

一、"专门知识"进入刑事司法场域

一旦刑事案件中存在鉴定意见这一证据种类,往往即会成为控辩双方攻防之要点、法官审查判断之关键。在一些有代表性的刑事案件中,鉴定意见以及有专门知识的人"就鉴定人作出的鉴定意见提出意见"也几乎直接决定了庭审走向。[①]刑事司法场域中,以"专门知识"为争点所产生的针锋相对,当然可能产生截然不同的司法判断。问题在于,判断的生成是基于何种考量?这种考量是否超出法律与事实本身?"专门知识"作为刑事司法场域中建构起的一种非常态话语,独立于法律知识,因而产生特殊的权力关系。

在福柯(Michel Foucault)之前,传统观点认为,"权力使人疯狂,因此弃绝权力乃是获得知识的条件之一",即"只有在权力关系暂不发生作用的地方知识才能存在,

---

① 例如上海市高级人民法院(2014)沪高刑终字第 31 号刑事裁定书,福建省高级人民法院(2012)闽刑终字第 10 号刑事附带民事判决书。

只有在命令、要求和利益之外知识才能发展"①。而"哲学家,甚至知识分子们总是努力划一条不可逾越的界线,把象征真理和自由的知识领域与权力的运作领域分隔开来,以此来确立和抬高自己的身份"②。但在福柯看来,"权力制造知识;权力和知识是直接相互连带的;不相应地建构一种知识领域就不可能有权力关系,不同时预设和建构权力关系就不会有任何知识"③。就此而言,相比辩护意见乃至当下流行的专家论证意见,"专门知识"对法官所产生的权力影响无疑更为显著。因为前者作为法律知识并未超出法官知识谱系之范围,由此难以形成知识上的"支配优势";而"专门知识"对于法官而言则是相对陌生的,影响其判断的因素往往并非知识本身的正误,即便是细微之语言态势、眼神交流也可能表现为知识的运行轨迹,进而造就支配关系。④

正如吉登斯(Anthony Giddens)对福柯权力观所作

---

① [法]米歇尔·福柯:《规训与惩罚》,刘北成、杨远婴译,生活·读书·新知三联书店2012年版,第29页。
② 包亚明主编:《权利的眼睛——福柯访谈录》,严锋译,上海人民出版社1997年版,第31页。
③ [法]米歇尔·福柯:《规训与惩罚》,刘北成、杨远婴译,生活·读书·新知三联书店2012年版,第29页。
④ See Bonnie Erickson et al, Speech Style and Impression Formation in a Court Setting: The Effects of "Powerful" and "Powerless" Speech, 14 Journal of Experimental Social Psychology 226(1978).

的总结那样，权力不是固有的专制，不只是"说不"的能力，实际上是所有事情得以发生的手段，是事物、知识、谈话形式和愉悦的产物。由此观之，"无形中运作"的微观（规训）权力意味着权力的内化，经历权力的人默认这种新的权力技术，而他们的默许正是这项新技术的基础。[1] 以此为理论框架，可以重新勾勒出刑事司法中的法官、检察官、当事人、辩护律师、鉴定人、有专门知识的人之间所产生的互动关系及其对新的权力技术之默许，并通过诠释作出理论推进。而以"专门知识"为争点所产生的不同司法判断，其具体考量也许正是出自知识与权力的交往之中。宏观（国家）权力借助体制得以运作，而至少在刑事司法场域，微观（规训）权力的运作也许是依附于程序设计，并随着程序的修改而发生变化，《刑事诉讼法》围绕"鉴定意见"和"有专门知识的人"进行的程序设计即例证。并且，"知识—权力"由于刑事司法证明模式的深刻影响，进而对法官的认知产生干预，甚至形成认知偏差。

本章将以此为逻辑起点，借助福柯非中心化、非极权化的权力观与认知科学中"双加工系统"理论模型之间

---

[1] 参见[英]安东尼·吉登斯：《政治学、社会学与社会理论——经典理论与当代思潮的碰撞》，何雪松、赵方杜译，格致出版社、上海人民出版社2015年版，第202—203页。

可能存在的耦合，加之部分案例和实证材料，①对"知识—权力"与"认知—行为"两种理论话语在刑事司法证明问题——尤其是涉及"专门知识"的刑事司法证明——上所产生的关联加以初步研判。在此基础上，本章试图通过探索合理之改革方向，消解权力支配与认知偏差在司法证明过程中产生的负面影响，进而使得有关"专门知识"之司法判断的形成依据回归法律与事实本身。

二、多元定位：刑事立法与司法中的"专门知识"

刑事诉讼中的"专门知识"是指某一专门研究领域的理论和实践经验，而鉴定的目的是解决案件中的专门性问题。②尽管立法通常不对刑事司法证明方法作出过于具体的规范，但刑事司法证明的实践运行样态却与立法休戚相关，尤其是隐藏于法律条文中的"知识—权力"关系，在司法证明过程中可能被进一步放大。不容乐观的是，在立法、司法解释、全国人大常委会法制工作委员会权威解读以及司法实践中，关于"专门知识"之定位呈现多元化趋

---

① 案例来自"中国裁判文书网"，共收集了"有专门知识的人"出庭的案例26个，其他与"专门知识"相关的案例30余个（2016年7月1日截止）。

② 参见全国人大常委会法制工作委员会刑法室编著：《中华人民共和国刑事诉讼法解读》，中国法制出版社2012年版，第323页。

势，甚至在一定程度上形成规范冲突与实践异化；并且，基于"专门知识"所建构的不同角色之诉讼地位存在差异，其发表意见之属性亦不明确，以至于在司法证明过程中对裁判者所产生的影响不尽相同，使得"专门知识"之运用效果不一。

（一）从"鉴定结论"到"鉴定意见"

2012年《刑事诉讼法》修改时，根据鉴定活动的本质特征，在证据种类中将"鉴定结论"修改为"鉴定意见"，力图使其定位更为准确、科学。对此，全国人大常委会法制工作委员会在相关解读中指出：

> 对整个案件而言，鉴定意见只是诸多证据中的一种，审判人员应当结合案件的全部证据，加以综合审查判断，从而正确认定案件事实，作出正确判决，而不能简单地将"鉴定结论"作为定案依据。将"鉴定结论"修改为"鉴定意见"，有利于摆正这类证据在诉讼中的位置，转变办案人员的观念，以便发挥办案人员在审查判断鉴定意见时的主观性和能动性，提高办案质量。[①]

实际上，早在2005年2月第十届全国人大常委会第

[①] 全国人大常委会法制工作委员会刑法室编著：《关于实施刑事诉讼法若干问题的规定解读》，中国法制出版社2013年版，第148—149页。

十四次会议通过的《全国人民代表大会常务委员会关于司法鉴定管理问题的决定》中，就已将鉴定人就鉴定事项依法作出的鉴定结果称为"鉴定意见"，2012年《刑事诉讼法》修改只是吸纳了该决定的内容，在法律层面上予以确认。但在2005年至2012年，司法实践中仍存在轻信和盲目依赖"鉴定结论"的现象，忽视对"鉴定结论"的质证与审查。由此可见：其一，立法用语对于司法实践所产生的支配作用明显强于其他文件之表述，相比2012年《刑事诉讼法》修改，全国人大常委会决定中的细微转变，并未在司法实践中得到相同程度的重视；其二，从"鉴定结论"到"鉴定意见"并非仅称谓的变化，还需要相关质证和审查规则加以配合，方能实现其立法定位，否则仍是延续由"鉴定结论"出发的制度安排。

立法所希冀的主观性与能动性，其实需要以相关知识作为基础。刑事司法人员面对法律问题，可以基于自身知识谱系进行具有主观性与能动性的审查判断，在对鉴定问题进行审查判断时，是否还有足够的"底气"去表现出与面对法律问题时等量的主观性与能动性？"结论"在语义上有着终局的意味，而"意见"似乎是一种平等的信息传递，但"鉴定意见"对刑事司法人员而言并不等同于一般意义上的"意见"，**面对知识的不对等性，微观权力由此产生并得以运作，形成支配与被支配的关系**：在司法场域，权力的微观呈现之结果即赋予具备知识优势的一方以权威——正如同"专门知识"之于司法人员那样，给予非权威方充分理由确信并依此行动。①因而，刑事司法人员在面对鉴定意见时，更多是进行形式审查，即主体和程序是否存在瑕疵，而对其实质内容的正误大多持肯定态度。其实，面对上述问题，一些理论是具有普遍解释力的，正如吉登斯所诠释的那样，在晚期现代性的条件下，权威与不确定性将成为一个自我身份认同的两难困境，除了强制力所认可的权威（如国家权威和法律权威），其余权威基本等同于专家建议，而专家体系恰恰是由怀疑所生发的。但至少在面对"专门知识"时，刑事司法人员可能走向了吉登斯所阐释的另一条道路，即放弃批判性判断的能力，更愿意在一个支配性权威中寻求庇护。②

　　司法判断需要以知识为基础，包括一般的法律知识和类似"专门知识"的非法律知识，而知识通往司法判断的路径即司法证明。知识指导着司法证明，同时，知识也需要借助司法证明实现其在司法场域中的特殊价值。当然，先行的评价和判断也可能反向影响知识的运用和行动的选择，亦即，一旦存在预设的司法判断，专门知识抑或司法证明均不过是为"剪裁事实"而服务的。预

---

　　① See John Finnis, *Natural Law and Natural Rights*, 2nd ed., New York: Oxford University Press, 2011, p. 233.
　　② 参见［英］安东尼·吉登斯：《现代性与自我认同：晚期现代中的自我与社会》，夏璐译，中国人民大学出版社2016年版，第183页。

设的生成，可能源于法外因素的干扰，可能来自认知偏差，也可能受微观权力运作的影响。尽管从"鉴定结论"到"鉴定意见"，用语上的符号利润（symbolic benefits）相对淡化，但司法场域中，"专门知识"基于其特殊性与非法律性，在符号争夺过程中依然具备支配性的权力地位。加之配套程序的建构有待加强，司法运作过程中"鉴定意见"的符号权力仍旧难以动摇，权力减让的实质作用并不明显。甚至有判决书中习惯性地出现了"鉴定结论"之表述。

（二）"有专门知识的人"之尴尬境遇

前已述及，从"鉴定结论"到"鉴定意见"并非仅称谓的变化，还需要相关质证和审查规则加以配合，方能实现其立法定位。"鉴定结论"及其配套制度安排，即单向度地载入证据信息，缺乏就证据信息本身的质证，争议焦点止步于鉴定主体是否适格、鉴定程序是否存有瑕疵，但左右司法裁判正误的，往往在于鉴定的实质内容。因此，2012年《刑事诉讼法》修改时，增加了关于有专门知识的人出庭的规定，其作用是"就鉴定人作出的鉴定意见提出意见"。对此，全国人大常委会法制工作委员会在相关解读中指出：

本次刑事诉讼法修改时增加规定，可以通知有专门知识的人出庭，由其根据其专业知识，发现鉴定中存在的问题，如鉴定方法是否科学，检材的选取是否合适等，从而为法官甄别鉴定意见、作出科学的判断、提高内心的确信提供参考，是兼听则明的科学调查方式在刑事审判中的具体体现，也是对国际刑事诉讼有益经验的借鉴，有利于依法保护被告人的合法权益，保证案件的公正审理。"有专门知识的人出庭"这一制度设计本身也在客观上会进一步加强鉴定人的责任意识从而对其鉴定意见产生正面的促进作用，增强鉴定意见的科学性，同时，这样也会在一定程度上减少重复鉴定的发生，也能够节约诉讼资源，提高审判工作的效率，促进案件的尽快判决。[①]

由此观之，这一立法上的突破，其目的在于：首先，强化庭审质证，实现控辩平等，这与后来的"以审判为中心""庭审实质化"之精神一脉相承；[②]其次，方便法官对鉴定意见作出科学的判断、形成内心确信；最后，督促鉴定人作出具有科学性的鉴定意见，减少重复鉴定的发生，节约司法资源。就此而言，立法的本意是通过控辩双方关于"专门知识"的平等对抗，将鉴定意见中存在的问题在庭审中集中、清晰地呈现出来，法官由此

[①] 全国人大常委会法制工作委员会刑法室编著:《中华人民共和国刑事诉讼法解读》，中国法制出版社2012年版，第423—424页。

[②] 参见卞建林、谢澍:《"以审判为中心"：域外经验与本土建构》，载《思想战线》2016年第4期。

进行具有主动性与能动性的审查判断。因而，鉴定人出庭与"有专门知识的人"出庭应当具备同等的要求与保障，《刑事诉讼法》在形式上确认了二者的对等性，但在实质上，对等与否仍存有疑问。地位上的对等，意味着彼此制衡的符号权力，由此方能形成知识间的互动关系，但"就鉴定人作出的鉴定意见提出意见"本身只是依附性的。鉴定意见是法定证据种类之一，鉴定人也是诉讼参与人之一，相比之下，"有专门知识的人"则显得有些名不正言不顺，其诉讼地位及发表意见的属性缺乏明确规定。

最高人民法院对刑事诉讼法司法解释稿进行说明时曾指出，有专门知识的人所发表的意见既不属于鉴定意见的范畴，也不属于证人证言，因而不属于证据材料的范畴，更不能作为定案的根据，应当将其意见视为申请方的控诉意见或辩护意见的组成部分。[①]而实务中对于"有专门知识的人"之定位尚缺乏统一的认识：

【案例一】湖南省常德市武陵区人民检察院对皮某交通肇事案原审提出抗诉时认为"具有专门知识的人当庭

---

① 参见黄尔梅：《准确把握立法精神确保法律正确实施——最高人民法院刑事诉讼法司法解释稿简介》，载卞建林、谭世贵主编：《新刑事诉讼法的理解与实施》，中国人民公安大学出版社2013年版，第14页。

说明皮某在事故中应负主要以上责任,原审判决未在判决书中对其证言进行论证分析,属遗漏关键证据";而湖南省常德市中级人民法院在终审中认为"关于具有专门知识的人出庭作证的问题,具有专门知识的人参与法庭审理,针对鉴定意见发表意见,其自身并没有提出独立意见,具有专门知识的人的意见不是证人证言一类的证据,原审未将其意见列为证据并无不当"。终审法院认为,原审法院依据相关法律宣告被告人皮某无罪并无不当,裁定驳回抗诉、维持原判。①

立法定位上的模糊,往往带来司法实践中的分歧,权力机关基于各自所需在法律模糊之处形成不同解释,而解释过程中语词之含义更多地取决于利益的逻辑而非语词本身的逻辑。②《刑事诉讼法》将"有专门知识的人"出庭,定位于"就鉴定人作出的鉴定意见提出意见",而法律并未明确"有专门知识的人"出庭的前提是鉴定人出庭。但显然,"鉴定意见"与"有专门知识的人"之意见缺乏"同等地位",并且"有专门知识的人"出庭需要申请法庭通知;而基于"质证意见"的定位,司法机

---

① 参见湖南省常德市中级人民法院(2014)常刑一终字第65号刑事裁定书。

② 这一解释的过程可参见吴洪淇:《非法言词证据的解释:利益格局与语词之争》,载《法学家》2016年第3期。

关完全可能将申请"有专门知识的人"出庭之前提理解为鉴定人出庭。根据《刑事诉讼法》相关规定，鉴定人出庭的条件有二：一是公诉人、当事人或者辩护人、诉讼代理人对鉴定人所作鉴定意见有异议；二是人民法院认为鉴定人有必要出庭。而是否"有必要"主要是指对认定鉴定的真实性、合法性是否有必要，以及对案件的定罪量刑是否有必要。[①]因此，当法院认为鉴定人"没必要"出庭时，也很可能不会认为，有专门知识的人"有必要"出庭。就此而言，鉴定人出庭与"有专门知识的人"出庭存在先后顺序，而非并列关系，并且需要人民法院在对鉴定意见进行初步审查判断的基础上同意相关申请。不难看出，本意是通过"有专门知识的人"进行知识上的制衡，但在此之前，鉴定意见的支配性权力即已产生作用。何况，即便"有专门知识的人"出庭发表意见，通过质证动摇鉴定意见的真实性、合法性，但在法官看来此时更为稳妥的选择仍是重新鉴定。毕竟从现有立法来看，"有专门知识的人"所发表的意见不属于证据材料之范畴，因而，减少重复鉴定的发生、节约司法资源的立法目的并不能有效实现。

---

① 参见全国人大常委会法制工作委员会刑法室编著：《关于实施刑事诉讼法若干问题的规定解读》，中国法制出版社2013年版，第151页。

(三) 基于"专门知识"所建构的不同角色

《刑事诉讼法》第146条规定:"为了查明案情,需要解决案件中某些专门性问题的时候,应当指派、聘请有专门知识的人进行鉴定。"此处需要明确的是,鉴定主体应为"有专门知识的人"还是"有专门知识的鉴定人"?在全国人大常委会法制工作委员会的解读中,"鉴定意见"是指:"有专门知识的鉴定人对案件中的专门性问题进行鉴定后提出的书面意见。"①而《全国人民代表大会常务委员会关于司法鉴定管理问题的决定》指出:"司法鉴定是指在诉讼活动中鉴定人运用科学技术或者专门知识对诉讼涉及的专门性问题进行鉴别和判断并提供鉴定意见的活动。"二者均明确鉴定活动的主体为鉴定人,而"鉴定人"是一种专门称谓,具备一定能力并满足准入条件的人员,方可申请登记从事司法鉴定业务。但司法实践中,鉴定主体却并不局限于"鉴定人",根据《最高人民法院关于适用〈中华人民共和国刑事诉讼法〉的解释》第100条关于"因无鉴定机构,或者根据法律、司法解释的规定,指派、聘请有专门知识的人就案件的专门性问题出具的报告,可以作为证据使用"

---

① 全国人大常委会法制工作委员会刑法室编著:《中华人民共和国刑事诉讼法解读》,中国法制出版社2012年版,第104页。

之规定，在面对有关物品价值、物质鉴别、林业技术等问题而无法定司法鉴定机构时，一般指派、聘请"有专门知识的人"进行鉴定（为避免混淆，下文中将此类人员称为"准鉴定人"）。而在此类案件中，"准鉴定人"的鉴定主体资格，往往被辩方作为争议焦点在辩护意见中提出，试举一例：

【案例二】浙江省杭州市余杭区人民法院审理的吴某某、黄某某诈骗案中，辩护人提出："本案的价格鉴定中，未采用珠宝玉石的国家标准进行鉴定，也未由专业机构或人员对涉案物品进行技术、质量鉴定，聘请的人员不具有鉴定珠宝玉石的专业资格，价格评估意见也应该由比某公司更专业的机构作出，价格市场调查不符合法定程序，且其中的翡翠原石1件仅凭图片进行鉴定并得出价格，故在案的价格鉴定意见不规范，亦不严谨，应当重新鉴定"，并提交珠宝玉石鉴定国家标准欲证实珠宝玉石的鉴定方法等，另申请"证人"金某出庭对相关鉴定问题发表意见；三名"准鉴定人"以"证人"身份出庭说明了情况并接受质证，并通过证人朱某、刘某、冯某、干某的证言对三名有专门知识的人的鉴定过程及其独立性进行证实。最终法院认定，本案中，余杭区价格认证中心依据法定程序作出的其中91件物品的价格鉴定意见客观公正，应予采信；但茹某等有专门知识的人仅通过图片对其中1件物品进行材质鉴定，未通过肉眼观察、放大检查等方法进行现场勘查，余杭区价格认证中心依据上述材质鉴定作出的价格鉴定意见存疑，不予认定。[①]

该案例中，对于珠宝玉石价格的鉴定，聘请了"准鉴定人"。但由于"准鉴定人"的角色是基于司法解释，立法上并未明确其诉讼地位，因此本案中将其视为"证人"，对其相关检验报告的证明力是通过证人证言进行补强的。而辩方申请具有专门知识的金某出庭对相关鉴定问题发表意见，因为"准鉴定人"不具有"鉴定人"的诉讼地位，导致金某也不能作为"就鉴定人作出的鉴定意见提出意见"的"有专门知识的人"，故本案中将其同样视为"证人"。原本由"专门知识"而形成的争点，在庭审中异化为控辩双方"证人"的交锋，正是本案的吊诡之处。

不难发现，基于"专门知识"，多种不同角色得以建构。在立法和司法解释中，存在三类角色——"鉴定人""准鉴定人""有专门知识的人"，三者的符号利润依次递减，因而在司法证明过程中对裁判者所形成的符号权力也不尽相同：首先，"鉴定人"是诉讼参与人，其鉴定意见是法定证据种类之一，自然可以作为定案的根据；

[①] 参见浙江省杭州市余杭区人民法院（2015）杭余刑初字第48号刑事判决书。

其次,"准鉴定人"由最高人民法院司法解释所认可,所出具的检验报告"可以作为证据使用",尽管司法实践中辩方几乎都会质疑其主体资格,但就笔者收集到的案例来看,①法院基本认可了"准鉴定人"的鉴定主体资格;最后,前已述及,"有专门知识的人"在立法上的模糊定位,导致其意见并不能作为定案的根据,较之前两类角色,在符号利润上处于明显劣势。此外,除了以上三类角色,个别司法机关还在实践中进行了试点探索,尝试引入对家暴等专门性问题(不限于鉴定)出庭发表意见的专家辅助人。②其目的在于,就家暴的界定、家暴受害人的心理和行为模式等相关问题提供专业意见,协助法院查明案件起因、被害人过错、家暴行为和犯罪行为的

---

① 除【案例二】之外,此类案件还包括但不限于:湖北省利川市人民法院(2013)鄂利川刑初字第285号刑事附带民事判决书;山西省陵川县人民法院(2013)陵刑初字第80号刑事判决书;四川省绵阳市中级人民法院(2014)绵刑终字第73号刑事裁定书;四川省巴中市中级人民法院(2014)巴中刑终字第52号刑事裁定书;广东省潮州市湘桥区人民法院(2014)潮湘法刑初字第115号刑事判决书,等等。此外,有法院对于"准鉴定人"并未援引刑事诉讼法相关司法解释,而是不恰当地援引了《林业行政处罚程序规定》第30条,"林业行政主管部门为解决林业行政处罚案件中某些专门性问题,可以指派或者聘请具有专门知识的人进行鉴定",参见广东省仁化县人民法院(2015)刑事判决书韶仁法刑初字第180号。

② 参见浙江省温州市中级人民法院(2015)浙温刑初字第4号刑事判决书,浙江省温州市中级人民法院(2015)浙温刑初字第68号刑事附带民事判决书。

因果关系等案情,做到准确定罪量刑。而试点法院将家暴问题专家所发表的意见定位为"当庭陈述专业意见",并非"鉴定意见"或"检验报告"。[①]"有专门知识的人"同样被学界称为"专家辅助人",但究竟是辅助庭审还是辅助公诉或辩护,仍需细致分析。从试点法院对类似家暴问题专家这一专家辅助人的定位来看,系具有中立性的"庭审辅助人"。但类似"有专门知识的人"是否具有中立性则显然存有疑问:一方面,"有专门知识的人"需经控辩双方申请,但法庭不会对"有专门知识的人"的能力和水平作预先考察,因而究竟能否作出专业、有效的意见,应当由申请方自行承担后果;另一方面,倘若将"有专门知识的人"定位于发表客观、中立的辅助意见,则对申请方而言也许是利弊共存的,其很可能为了规避风险而选择放弃申请,不利于控辩双方积极行使这一权利。就此而言,将"有专门知识的人"定位于公诉或辩护方专家辅助人,其意见归属于公诉或辩护意见,似乎更为合理。"有专门知识的人"设立的初衷,本就是通过关于"专门知识"的有效质证,将"专门知识"所带来的相关争议焦点在庭审中最大化呈现,以便法官作出具有主观性、能动性的判断,其间可以有倾向性地发表对己方有利的意见,而不必像试点中的庭审辅助人那样发表中立、全面的意见。

---

① 参见徐建新:《涉家暴刑事案件"有专门知识的人"出庭之实践问题研究》,载《中国政法大学学报》2016年第2期。

三、理论交织：作为权力的知识与指引行为的认知

"知识—权力"话语的存在，使得进入刑事司法场域的"专门知识"获取符号权力，微观上支配着裁判的生成。无论是立法在用语上的修正抑或制度上的突破均没有带来预期的权力平衡，"鉴定意见"与"意见之意见"反而在某种意义上增加了"专门知识"所建构的角色数量，导致司法实践乱象的形成。更重要的是，基于我国所特有的刑事司法证明模式，[①]"知识—权力"与"认知—行为"将会产生理论交织，倘若未能结合实证材料对其进行知识上的梳理，则必然直接影响制度改革之前景；而以社会科学及认知科学为理论基础，可能为法律秩序的完善指引一条崭新的进路。

（一）以刑事司法证明模式为载体的"知识—权力"话语

2012年《刑事诉讼法》修改中，"鉴定结论"转变为"鉴定意见"，并完善和增设鉴定人、"有专门知识的人"出庭制度，试图借此实现控辩平等、有效质证，增强法官对鉴定意见审查判断的主观性与能动性，但司法

[①] 关于刑事司法证明模式的中国特性，参见谢澍：《刑事司法证明模式：样态、逻辑与转型》，载《中国刑事法杂志》2013年第11期。

实践中有时却背离了立法本意。本章开头提及的案例即典型，尽管鉴定人和"有专门知识的人"均出庭并进行质证，但双方意见却未能得到同等的"待遇"。① 具体而言，二审法院在裁判说理过程中，采纳鉴定意见的主要依据在于"能够相互印证"，以及鉴定资质、鉴定程序、鉴定材料等方面无瑕疵而具备"证据能力"；"有专门知识的人"提出的意见则不予采信，其理由是"与查明的事实不符"，易言之，与案件现有证据不能相互印证。在部分个案中，裁判文书仅将"鉴定意见"作为认定的证据予以罗列，就连对其内容的基本说明也加以省略，更毋言细致分析。② 这种以"印证"为中心，并且因颠倒证明力、证据能力评价顺位而形成预断的刑事司法证明模式，可以称为"以印证为中心的整体主义证明模式"③。

---

① 参见上海市高级人民法院（2014）沪高刑终字第31号刑事裁定书。

② 参见黑龙江省巴彦县人民法院（2015）巴刑初字第404号刑事判决书。

③ "以印证为中心的整体主义证明模式"之出发点，实际上是通过印证的形式将证据关联为整体，从而避免恣意性与主观性，但是，客观性的过分强调却导致形式化倾向，倘若无法保证证据合法性和证据矛盾分析，以先供后证、证据转化等方法将证据链条沦为主观性的拼接，反而可能演化成主观随意性的一个注脚；证据链条成于庭前的另一个后果是，因为全卷移送，法官可能在庭审前即接触证据链条，以至于心证在庭审之前业已形成，而在庭审中对于可能影响心证的细节不再敏感。参见谢澍：《犯罪论体系与刑事司法证明模式之形塑》，载《证据科学》2015年第5期，第577页以下。

按照刑事司法证明之基本原理,证据材料经严格证明程序并获肯定性评价方能取得证据能力,法官进而得以自由评价其证明力并决定是否采纳为裁判之基础。但在"以印证为中心的整体主义证明模式"之下,证明力与证据能力系"整体"取得,一旦与本案其他证据相互印证,证据材料即有"合法性",[①]甚至证明力评价在前,证据能力补充在后。法官对鉴定意见的证明力已有预断,而在"有专门知识的人"出庭之前,法官的内心确信业已形成。对此,一个有力例证是,裁判说理中就鉴定意见与"有专门知识的人"出庭发表的意见之实质内容并未深入分析,对其证明力之阐释更多基于"相互印证",同时鉴定意见具备证据能力与之形成"整体"。而法官之所以对鉴定意见的证明力形成肯定性预断,正是"知识—权力"话语的逻辑结果。

刑事司法场域的微观权力网络之中,知识与权力的互动可能导致两种关系的产生,即**"支配—被支配关系"**与**"互动关系"**。前者是主体间知识谱系难以制衡,微观权力得以运作而形成的支配与被支配;后者则是主体间知识谱系足以产生对话乃至对抗,从而形成的有效

---

① "印证故合法"的审查判断逻辑在我国刑事司法实践中并不鲜见,相关案例可参见易延友:《非法证据排除规则的中国范式——基于1459个刑事案例的分析》,载《中国社会科学》2016年第1期。

互动，并没有一方足以通过微观权力运作对另一方进行支配。"微观权力"的颠覆并非遵循"要么全部、要么全不"的法则，其冲突、斗争所产生的冲撞点、不稳定中心，均只是局部的插曲，很难对制约它的整个关系网络产生足以"载入史册"的影响。[1]这也正解释了，法官面对"专门知识"的**无力**与**无感**，"无力"是基于知识鸿沟所形成的"支配—被支配关系"，而"无感"则是法官并未察觉自身预断的形成，毕竟微观权力运作不同于宏观权力的直接干预，往往是在"不知不觉"中被支配着。

当然，在"有专门知识的人"出庭的案件中，亦有无罪判决，如本章开头所提案例。但仔细梳理这一案件，终审法院否定鉴定意见之证明力且作出无罪判决，并非法官对证明力进行了具有主观性和能动性的判断，其根本原因在于鉴定意见的证据能力存在明显疑问。[2]正是证据能力的不足，直接导致本案印证体系的瓦解，前述之法院采纳鉴定意见的主要依据——"**相互印证**"与"**证据能力**"——出现了缺失。如果说"林森浩案""念斌案"作为社会影响力巨大的"公案"，具有一定特殊性，那么

---

[1] 参见［法］米歇尔·福柯:《规训与惩罚》，刘北成、杨远婴译，生活·读书·新知三联书店2012年版，第29页。

[2] 参见福建省高级人民法院（2012）闽刑终字第10号刑事附带民事判决书。

其他一些"有专门知识的人"出庭的普通案例，或许可以更加清晰地勾勒出法院采纳鉴定意见的基本逻辑。本章写作过程中收集了"有专门知识的人"出庭的若干案例，[①]除了前文提及的典型案例，还有三个无罪判决具有参考意义（表4-1）。

表4-1 "有专门知识的人"出庭的无罪判决案例

案件	案号	法院作出无罪判决的主要理由
许某某故意伤害案	四川省南部县人民法院（2014）南刑初字第129号刑事附带民事判决书	对于被告人的行为与被害人的轻伤是否有直接的因果关系，鉴定意见不能证实但也无法排除被害人郑某某在被告人许某某挡击行为之前其牙齿是否已经存在病变，难以达到刑事案件的证明标准。但被害人郑某某所举证据的证明力明显大于被告人许某某所提供的证据，达到了民事诉讼中高度盖然性的证明标准，附带民事诉讼部分法院予以支持。
龙某寻衅滋事案	湖南省保靖县人民法院（2015）保刑初字第29号刑事判决书	由于病历记录的诊断结论缺乏物证（X线摄片）及能反映原件及其内容的书证（X线检验报告单）证实，鉴定意见以该诊断结论为依据，认定（推定）被害人傅某某的受伤日期及损伤构成轻伤的鉴定意见缺乏物证与能反映原件及其内容的书证证实，法院不予采信。法院认为，被害人傅某某的损伤程度处于不确定状态，因此公诉机关指控被告人龙某的寻衅滋事行为致傅某某轻伤的法律事实不成立。

---

① 并非完全统计，可能存在遗漏。一审、二审中"有专门知识的人"均出庭的，计作1个案例。

续表

案件	案号	法院作出无罪判决的主要理由
皮某交通肇事案	湖南省常德市中级人民法院（2014）常刑一终字第65号刑事裁定书	公诉机关提交了常德市公安局交通警察支队事故预防和处理大队出具的交通事故分析意见及皮某交通肇事案责任认定分析意见会的会议记录。常德市交通警察支队法制科科长易宏斌作为有专门知识的人出庭对该份意见的形成情况进行了说明。法院认为，本案虽然造成了致一人死亡的严重后果，但根据公诉机关提供的现有证据，无法认定原审被告人皮某应负本次事故的主要责任或全部责任，公诉机关指控的犯罪不能成立，原审被告人皮某无罪。

尽管上述案例中，"有专门知识的人"均出庭发表意见，但其是否发挥了"一针见血"的实质作用？无罪判决的作出是否与之存在直接关联？仍有待商榷。许某某故意伤害案中，系控方申请"有专门知识的人"出庭发表质证意见，但其意见与控辩双方所分别出示的鉴定意见均只能证明被害人受轻伤，无法证明被告人的行为与被害人的轻伤是否有直接的因果关系。根据"疑罪从无"的原则，法院对被告人作出无罪判决，但应赔偿附带民事诉讼原告人各项经济损失。龙某寻衅滋事案中，物证照片与能反映原件及其内容的书证缺失，致使病历记录、初步鉴定意见书无法与"原物"进行核实、比对，而在此基础上作出的鉴定意见证据能力不足，法院不予采信。皮某交通肇事案中，同样由控方申请"有专门知识的人"出庭，但仍然无法证明被告人应负本次事故的主要责任

或全部责任。可见，皮某交通肇事案与许某某故意伤害案均是控方在鉴定意见证明力存有较大争议的情况下申请"有专门知识的人"出庭，但最终并没有得到利于本方的判决结果；而龙某寻衅滋事案，从结果上看，辩方申请"有专门知识的人"出庭发表的意见得到了支持，但鉴定意见本身的证据能力存在缺失。

在"以印证为中心的整体主义证明模式"之下，涉及司法鉴定问题的案件中鉴定意见往往成为决定案件走向的关键，倘若法官不能通过"相互印证"与"证据能力"强化鉴定意见的形式合法性，则意味着鉴定意见本身存在较大疑问，而这通常是侦查机关或鉴定机构的不规范行为所造成的。对于"有专门知识的人"——尤其是辩方申请出庭的——来说，其发表的质证意见更多仍是围绕鉴定意见的证据能力展开的，这与过往辩护意见的关注焦点基本相同；基于鉴定意见实质内容的"科学有效性"及其"原理和方法"而对证明力产生怀疑的，则相对较少。在鉴定意见业已取得"证据能力"并与其他证据"相互印证"的基础上，即使控辩双方就"证明力"展开知识上的交锋，鉴定意见的符号利润也足以压制"有专门知识的人"之质证意见，其支配性权力主导着裁判的生成。

（二）从"知识—权力"到"认知—行为"的理论延拓

实际上，除了基于可靠样本的DNA（脱氧核糖核酸）

分析之外，还没有法庭科学学科被严格地证明可以高度稳定且确定地支持"个体识别"。质言之，对法庭科学证据的解读并不总是无误的，错误、偏见、威胁、不合理的操作程序以及有力的效能标准之缺失，往往污染人们的认知。这样的现实却并不是总能被法庭科学从业人员、法官、陪审员、检察官、律师以及政策制定者所充分理解和接受。刑事司法最大的两难，即它严重依赖于法庭科学证据，却又担心特定的"法庭科学"学科是否真正科学，以及在多大程度上是科学的。20世纪的美国，就曾试图对科学证据的可采性确立一致的标准：1923年Frye案[1]中确立了所谓"Frye标准"，即采纳的专家证言需"在其所属领域获得**普遍接受**（general acceptance）"；而1975年制定的《联邦证据规则》之702规定则取代了"Frye标准"，将标准界定为"帮助事实审判者理解证据或确定争议事实"；1993年的Daubert案[2]在解释和适用规则702时，法院判定"审判法院须确保所采纳的任何科学证言或证据不但相关，而且可靠"。这一判决要求专家证言的主题应当是"科学知识"，其"可靠性"立足于**"科学的有效性"**，强调法官在考虑证据可采性时应当仅关注专家的**"原理和方法"**，而不是他们所得出的"**结

---

[1] Frye v. United States, 293 F. 1013 (D.C. Cir. 1923).

[2] Daubert v. Merrell Dow Pharmaceuticals, 509 U.S. 579 (1993).

论";2000年对规则702的修正回应了"Daubert标准",规定对于专家证言可靠性的具体考量因素包括"(1)证言基于充足的事实或数据,(2)证言是可靠的原理或方法之产物,并且(3)证人将这些原理和方法可靠地适用于案件的事实",而最高法院将"Daubert标准"描述为"灵活性的",意味着一些其他相关因素也可以纳入考量范围。①

当然,证据采纳之标准只是一个层面,除此之外,认知上的错误同样可能影响人们对法庭科学证据的解读,无论是在英美、欧陆抑或我国,皆然。在福柯的理论中,认识主体、认识对象和认识模态均被视为"知识—权力"之变化所产生众多效应之一。②作为认识主体——自然意义上的人——在"知识—权力"关系的不断变化中,其认知和行为也将随之受到影响。法官并非道德或智识巨人,其司法行为很难全部出于慎思,除却认知的不确定性,法官作出判断还可能基于直觉、策略甚至运气。③简言之,法官也是人,其司法决策很可能被直觉所左右,这就是为何以弗兰克(Jerome Frank)为代表的法

---

① 参见美国国家科学院国家研究委员会:《美国法庭科学的加强之路》,王进喜等译,中国人民大学出版社2012年版,第88—101页。

② 参见[法]米歇尔·福柯:《规训与惩罚》,刘北成、杨远婴译,生活·读书·新知三联书店2012年版,第30页。

③ 参见[美]理查德·波斯纳:《法官如何思考》,苏力译,北京大学出版社2009年版,第1—13页。

律现实主义者曾将法官直觉如何形成视为司法过程的关键所在。[1]虽然这一论断开始将法律与人类的思维方式加以勾连,却并未真正厘清法官的认知过程。更何况如今影响法官决策的因素更加复杂,正如波斯纳(Richard A. Posner)指出的那样,1920年我们更可能遇到"法律"一词,甚至比"科学"、"技术"与"复杂性"之总和更多,而到了21世纪,后三个语词相对频度的总和已然超出了"法律",这正是法官所面对的挑战之一。[2]甚至在不久的将来,随着认知神经法学(neurolaw)的兴起,立法者、法官、律师、法学家们在建构政策框架时,将有条件依据最优的科学信息,回应法律和认知科学的关系。[3]曾有研究以167名美国联邦法官为样本,就认知错觉对司法决策的影响作了实证分析。其结论指出,法官所依赖的认知决策过程与(法律)外行抑或其他专家相同,这使得法官极易形成认知错觉,进而导致错误判断。即使法官对任何当事人都没有偏见或成见,并充分了解相关法律和相关事实,他们仍然可能在某些情况下作出系统

---

[1] See Jerome Frank, *Law & the Modern Mind*, New Brunswick: Transaction Publishers, 2009, pp. 108–126.

[2] 参见[美]理查德·波斯纳:《波斯纳法官司法反思录》,苏力译,北京大学出版社2014年版,第10页。

[3] See Owen D. Jones, Jeffrey D. Schall & Francis X. Shen, *Law and Neuroscience*, New York: Wolters Kluwer Law & Business, 2014, p. 4.

性错误的决策,因为法官与其他所有人的认知系统其实并无二致。[1]而关于人类的认知系统,一个具有启发意义的理论模型是"双加工系统"(Dual-Processing),卡尼曼(Daniel Kahneman)将其分别诠释为快速、自动、无意识、并行、不做努力、联想、慢速习得并且情绪化的"系统1",以及慢速、受控、有意识、串行、付诸努力、规则支配、相对柔性且具有中立性的"系统2"。"系统1"类似于感知过程,并被习惯所支配,因而难以被自我控制和自我修正,是一种感性认知系统;相反,"系统2"的功能之一则是监控心理活动和外部行为的质量,并对其进行修正,是一种理性认知系统。因此,启动"系统1"的认知加工后,倘若未经"系统2"修正,即一种启发式(heuristic)判断,[2]作为感知的直接呈现;而深思熟虑的判断,无论始于感知抑或推理,均是"系统2"运作的认知结果。以并行——两个及以上的——认知任务之间的相互影响为指标,能有效判断认知过程属于"系统1"抑或"系统2":因为脑力劳动的整体能力有限,受控且付诸努力的认知过程之间将产生相互干扰;而自动且不做

---

[1] See Chris Guthrie, Jeffrey J. Rachlinski & Andrew J. Wistrich, *Inside the Judicial Mind*, 86 Cornell L. Rev. 777(2001)。

[2] 关于启发式判断和偏见所带来的不确定性可参见 Daniel Kahneman, Paul Slovic & Amos Tversky, *Judgment under Uncertainty: Heuristics and Biases*, New York: Cambridge University Press, 1982, pp. 3–20。

努力的认知过程与其他认知任务相结合时并不会引发或遭受任何干涉。可见"系统1"是有能力并行处理的,而"系统2"则是串行处理,"系统1"相对高效但错误率也更高。①

科学证据的可采性标准与认知科学之间存在密切关联,例如"系统1"与"Frye标准"以及"系统2"与"Daubert标准"即对应关系。有研究指出,"Frye标准"所要求的"普遍接受"实际上由19世纪美国法庭的"市井"(marketplace)检验——如果一个人可以在市井生活中推销自己的知识,则想必专门知识是存在的——演变而来,其后法庭将检验标准提升至法庭之外的"商业市场"(commercial marketplace),即人们愿意花钱购买专家的知识和技术,方能证明其专门知识存在。但上述标准对于法官而言,均是主观、快速且简易的,②市井生活的选择往往偏离可靠性、准确性和有效性,因而"普遍接受"之标准反映着"系统1"的认知过程。"Daubert标准"则要求法官对专家证言所基于的知识领域进行评估,并追问:这一知识领域是否是可检验的?是否已被检验?

---

① See Daniel Kahneman, *A Perspective on Judgment and Choice*, 58 American Psychologist 697(2003).

② 或许正是因为认知上的便利,美国仍有部分州的法庭在"Daubert标准"产生之后沿用"Frye标准"。See Leonard Deftos & David L. Faigman, *Many Courts Still Frye Scientific Evidence*, 297 Science 1275(2002).

检验的方法是否可靠？检验的结果为何？这一标准取代了"消费者"与"产品"——"商业市场"——成为检验专家证据有效性的新准则，而在考量专家证据可采性的过程中，法官需要停止"系统1"的运作，并开启"系统2"进行认知加工。① 可以说，从"Frye"到"Daubert"的标准演变，即从感性到理性、从"系统1"到"系统2"的认知进化。

在我国，无所谓"Frye标准"抑或"Daubert标准"，但前已述及，我国法官对于鉴定意见恰恰更关心其"结论"而非"原理与方法"，倾向于借助"相互印证"和"证据能力"为"结论"提供形式合法性，而不是剖析其实质内容是否具备"科学的有效性"。可见，这一判断标准更接近于"Frye标准"中的"普遍接受"，而在认知系统的选择上，也倾向于快速的"系统1"而非慢速的"系统2"。但正因为"系统1"是自动化且无意识的，是故，在不知不觉中，启发性判断所带来的认知偏差即可能产生。我国刑事司法场域的微观权力网络之中，知识与权力的互动呈现"支配—被支配关系"，随之而来的是**无感**，法官不仅未能察觉到微观权力的运作，同时也很难逸脱出"系统1"

---

① See Roselle L. Wissler, Keelah E.G. Williams & Michael J. Saks, Dual-Processing Models of Admissibility: How Legal Tests for the Admissibility of Scientific Evidence Resemble Cognitive Science's System 1 and System 2, 17 Va. J.L. & Tech. 354（2013）.

的认知过程。加之"证实偏见"(confirmation bias)贯穿刑事诉讼始终,从侦查人员到审判人员,习惯于证实而非证伪自己的判断或观点,在寻找和审查证据时,也倾向于搜寻或认可有助于证实观点的证据,而非有助于证伪观点的证据。①证据相互印证带来信息的一致性,进而提升了法官的认知流畅度。认知流畅度会影响对事物的评价与判断,而流畅度取决于认知主体在信息加工过程中所体验的难易度,易则流畅度高、难则流畅度低,而高流畅度激励判断向正面倾斜,低流畅度助推判断趋向负面。②易言之,证实偏见的主导之下,认知流畅度更高,法官倾向于对鉴定意见的证据能力及证明力作出肯定判断。《刑事诉讼法》明确规定,"鉴定人拒不出庭作证的,鉴定意见不得作为定案的根据",但当前的问题在于,几乎一旦鉴定人出庭就采纳其鉴定意见,出庭并未有力提升质证效果。由此可见,高流畅度带来高采纳率,而辩护律师乃至"有专门知识的人"之意见并未达到降低认知流畅度的应然作用,以致无法提示法官开启"系统2"进行认知加工。此外,尽管法官的认知系统与普通人并无本质区别,但"法律人的思维"却是真实存在的。有意识的"系统2"认知加工,随着长期实

---

① 参见林喜芬、秦裕林、葛岩:《无辜者何以被怀疑——警察辨别真伪陈述能力的认知—行为研究述评》,载《上海交通大学学报(哲学社会科学版)》2015年第4期。

② 参见李学尧、葛岩、何俊涛、秦裕林:《认知流畅度对司法裁判的影响》,载《中国社会科学》2014年第5期。

践和经验积累,逐渐转变为无意识的"系统1"认知加工,呈现出惯性和自动化的样态,即依赖专业直觉——"法律人的思维"——进行判断。[①]这本身是有助于提高"系统1"的认知准确性进而保障裁判质量的,但仅限于法律知识的积累和运作,倘若面对"专门知识"仍只是借助"系统1"进行认知加工,无疑是非常危险的。[②]

"专门知识"之上的"支配—被支配关系"所带来的另一个后果是"**无力**",即裁判者本身没有足够的知识能力对鉴定意见的实质内容进行有效性判断。这一现象可以借助认知视角进行科学阐释:人类大脑的认知和信息储存是一个神经纤维相互连接的过程。大约有250万根神经纤维直通大脑,其中200万个连接眼睛与大脑,其余来自耳朵、鼻子、嘴以及其他身体的内外器官。大脑在不同领域拥有一个复杂的系统,完成各种不同任务,随时把捕获的信息与神经纤维之间的突触和储存在那里的现

[①] See Jonathan St. B. T. Evans, Dual-Processing Accounts of Reasoning, Judgment, and Social Cognition, 59 Annu. Rev. Psychol. 271 (2008).

[②] 并非"系统2"在任何情况下均比"系统1"更加可靠,其效果取决于具体情况和具体认知主体;只是当缺乏"专门知识"的法官在面对"专门知识"时缺少"系统2"的监控和修正,其作出判断的错误率可能更高。See Daniel Kahneman & Shane Frederick, *Representativeness revisited*: *Attribute substitution in intuitive judgment*, in Thomas Gilovich, Dale Griffin & Daniel Kahneman (eds.), *Heuristics and biases*: *The psychology of intuitive judgment*, New York: Cambridge University Press, 2002, pp. 49-81.

有知识相连接,并通过使用现有的信息轨迹对信息进行补充。因此,大脑不是像录像机一般收录外部的视觉和听觉刺激,而是巩固和完善已储存在大脑中的信息。大脑中对记忆起重要作用的海马状突起与调控情绪有关的杏仁核相互协调。所有汇聚到海马状突起的认知信息被整理、评估,并返回到储存它们的大脑区域。[1]可见,法官之所以感到"无力",是因为法庭上的"专门知识"进入大脑后,难以与原有知识相连接,即无法被有效整理和评估,以致失去"自我"判断的能力。人类在认知的初始化阶段首先通过眼耳口鼻的神经纤维将信息直通大脑,显然是"感性"的,倘若不受外界干涉也自然无从获取信息;尤其是对于科学证据而言,需要通过人的言说和举止方能确定知识是否存在及有效,大脑使得这些外在行为成为可能,但大脑本身并不能勾勒出知识运作的轨迹。[2]而现代司法证明理论的建基,正是与理性主

---

[1] 参见[德]阿克赛尔·文德勒、赫尔穆特·霍夫曼:《审判中询问的技巧与策略》,丁强、高莉译,中国政法大学出版社2012年版,第190页。

[2] 实际上,面对认知科学所刻画出的经验性和概念性命题,法律时常呈现出复杂甚至冲突的进路,证据规则即典型。被认知科学家所广泛接受的技术,证据规则可能持怀疑态度;而在认知科学中尚未形成定论的技术,证据规则却有一套自我的可采性和有效性标准。See Michael S. Pardo & Dennis Patterson, *Minds, Brains, and Law: The Conceptual Foundations of Law and Neuroscience*, New York: Oxford University Press, 2013, p. 209.

义哲学的渗透休戚相关，特文宁（William Twining）曾在对证据法学思想史的回溯中发现了这一特质并加以总结。[①]这意味着，司法证明中的认知过程，应当经历从"感性"到"理性"、从"受外界干涉"到"自我内心确信"的变化，这也恰好与"系统1"和"系统2"相对应。但"感性"与"理性"的紧张关系并不易于消解，一方面需要有明显的信号提示法官启动"系统2"对"系统1"进行监控和修正，另一方面需要法官有足够的知识储备[②]在"系统2"的认知加工过程中作出证据有效性之判断。但显然，法官的"专门知识"储备很难与鉴定人相匹配——事实上也并不需要如此。就此而言，法官基于"专门知识"作出有效性判断的关键，即在于通过控辩双方的有效质证提示其启动"系统2"，并借助质证双方知识的交锋实现对自身知识结构的补充。

前文之论述已经表明，在面对"专门知识"的刑事司法证明中，我国尚未形成启动和运行"系统2"的制度环境；认知偏差还可能导致办案质量的滑坡连带架空制

[①] See William Twining. *Rethinking Evidence*: *Exploratory Essays*, 2nd ed., New York: Cambridge University Press, 2006: pp. 35-86.

[②] 其实，知识储备同时反映着智力水平，而这也是影响"系统2"运行实效的因素之一。See Keith E. Stanovich & Richard F. West, *Cognitive Ability and Variation in Selection Task Performance*, 4 Thinking & Reasoning 196(1998).

度设计，这也是《刑事诉讼法》之修改未能收获预期实效的原因之一。

四、社会（认知）科学知识何以助力法律秩序之完善

本章绝非否定《刑事诉讼法》修改对于建构控辩平等的司法鉴定体系所作出的努力，并且，本章不拘泥于刑事诉讼法学原理的机械化适用，而试图从内部视角转向外部视角，运用社会科学和认知科学知识解读并解释，从而获取更强的解释力和说服力。根据前文之论证，《刑事诉讼法》关于鉴定问题的修法本意在于，实现控辩双方关于"专门知识"的平等对抗，将鉴定意见中存在的问题在庭审中集中、清晰地呈现出来，法官由此进行具有主动性与能动性的审查判断。但在司法实践中，"鉴定结论"到"鉴定意见"的转变并未带来实质的权力减让，符号利润尚存；"有专门知识的人"出庭"就鉴定人作出的鉴定意见提出意见"，却并未得到与"鉴定人"相对等的诉讼地位，其意见呈现进退维谷的尴尬；立法和司法解释中存在"鉴定人""准鉴定人""有专门知识的人"三类角色，其符号利润依次递减，对裁判者所形成的符号权力也不尽相同。实践乱象的背后，是"以印证为中心的整体主义证明模式"所承载的"知识—权力"话语与"认知—行为"理论所产生的交织与耦合，进而支配

着裁判的生成。对此，社会科学知识和认知科学知识可以分别指出相应进路，至完善法律秩序。

其一，刑事司法场域的微观权力网络之中，知识与权力的互动需要由"支配—被支配关系"转向"互动关系"。中国语境之下，辩方无权启动和主导司法鉴定程序，因而鉴定意见的质证主要是指辩方对于鉴定意见的质证，着重保障辩方对质权。作为辩方质证意见的一部分，"有专门知识的人"出庭发表的意见，无需纳入证据种类，但应当将"有专门知识的人"添列为"诉讼参与人"之一，明确与鉴定人相对等的权利义务。同时，需要在立法上厘清"鉴定人""准鉴定人""有专门知识的人"乃至"中立性庭审辅助人"的法律定位，尤其是对于"准鉴定人"和"中立性庭审辅助人"发表的意见，应当定位为控辩一方的质证意见或中立的庭审辅助意见，而不应当全盘归入鉴定意见的证据种类，明确其非证据属性。此外，在鉴定意见的符号利润很难短时间减退的现状下，应当通过立法为辩方及"有专门知识的人"提供"先发制人"的制度空间：首先，即使未申请鉴定人出庭或法院认为鉴定人没有必要出庭的，辩方也可以申请"有专门知识的人"出庭，法院应当同意相关申请；其次，一旦"有专门知识的人"出庭的，鉴定人应当出庭接受质证，否则鉴定意见不得作为定案的根据；最后，"有专门知识的人"出庭发表意见，在范围上不应仅局限于"就鉴定人作出的鉴定意见提出意见"，还可以就本案中鉴定意见以外其他涉及"专门知识"的问题发表意见，使其意见由"依附性"转化为"独立性"和"主动性"。正如有学者指出的那样，"科学本身的不确定性、伪科学、'冒牌'专家等问题的存在，均可能导致科学证据本身不科学"[①]。在审判阶段的"以庭审为中心"，其核心要求是保护被告方的对质权，而上述制度设计，目的即在于通过确认鉴定人与"有专门知识的人"之形式对等性，平衡二者意见（知识）在司法证明过程中的实质对等性，逐步消解"鉴定意见"相对于辩方质证意见的符号利润，并通过提升"有专门知识的人"之诉讼地位与实质参与程度，弥补控辩双方"专门知识"的不对等性，压缩微观权力的运作空间，实现平等的知识互动，强化法官审查判断的主观性与能动性，进而有效排除披着"科学"外衣的主观臆断和错误鉴定。

其二，借助制度环境的全局优化，在降低法官认知流畅度的同时，提示法官启动"系统2"对"系统1"进行监控和修正。提升法官认知的准确性，首先应使之契合从"感性"到"理性"的认知过程，因而其认知加工所依据的证据信息均应当以直接言词的方式在法庭上予以直观呈现。这需要通过庭审实质化改革，兑现"事实证据调查在法庭、定罪量刑辩论在法庭、裁判结果形成

---

① 熊秋红：《以念斌案为标本推动审判中心式的诉讼制度改革》，载《中国法律评论》2015年第3期。

于法庭",除法律另有规定外,凡是未经当庭以言词方式调查并有效质证的鉴定意见,不得作为裁判的依据。同时,尽可能集中且不间断地进行证据调查与法庭辩论,保持法官基于直接言词所形成的认知具有连贯性。而质证和辩论对法官所带来的感官冲击和信息传递,既是在不断提醒其启动"系统2"对"系统1"进行监控和修正,也是通过知识上的交锋降低法官认知流畅度,使其不再过分倾向于肯定证据之证明力及证据能力。当然,法庭上的改革仅仅是局部,除此之外还需实现制度环境的全局优化。在"以审判为中心"的诉讼制度改革中,强调资源整合、繁简分流,对于鉴定意见存在争议而直接影响庭审走势的案件,当然应分配更多的诉讼资源。例如,在本章开头所提及案例中,二审的两次公开开庭审理,诉讼参与人数量、证人出庭作证数量、庭审时长、交叉询问时长等均达到了庭审实质化的程度。此外,法官审查判断的重心从科学证据的形式合法性转向实质有效性,其自身知识水平和认知能力的提升同样不可或缺。一方面,在法学院的教学中,科学证据知识应得到重视;另一方面,司法实践中应有针对性地培养擅于面对专门知识的法官,并在涉及鉴定问题的案件审判中,尽量使用相对熟悉有关知识的法官。

当然,以上两点均只是初步方向,具体程序设计还需进一步推敲。而本章的初衷,也并非沿袭对策法学的道路,给出深入法律条款的具体完善建议。作为刑事诉讼法学方法论转型的一次初步尝试，本章使用了从法律教义到社会科学理论，再从社会科学理论到认知科学视角的论证顺序。其实，法教义学与社科法学并不冲突，相反，脱离法教义的社科法学将会缺乏描述对象；而认知科学视角也并非试图颠覆千百年来所积累的理论成果，基于社会科学经典理论，认知科学反而能被更好地诠释。最后需要指出的是，无论是社科法学抑或认知科学，在我国的引入和发展均不能仅仅局限于法理学层面的"思潮"，而是应当作为一种可应用的方法对部门法研究有所裨益，正如二者面对"专门知识"给予刑事司法证明的这般启示。

第五章

刑事法律援助之社会向度：
从政府主导到政府扶持

《中共中央关于全面推进依法治国若干重大问题的决定》指出:"完善法律援助制度,扩大援助范围,健全司法救助体系,保证人民群众在遇到法律问题或者权利受到侵害时获得及时有效法律帮助。"而我国1979年《刑事诉讼法》第27条即初步呈现了刑事法律援助的制度雏形,1996年《刑事诉讼法》第34条对此进一步细化,但这项制度在中国土壤真正生根发芽,却是在2003年颁布施行《法律援助条例》之后。从试点项目到广泛推行,《法律援助条例》出台后的十余年里,法律援助制度改革"提档加速",全面展开合法化与制度化进程。如今,《法律援助法》已经颁布,法律援助制度自然将面对来自社会的更高期许。尤其是刑事法律援助关乎人权保障,原本应当在法律援助制度中占据最为重要的地位,但从全局考察,其比重与民事法律援助存在差距,甚至一些有条件申请刑事法律援助的被告人依旧放弃权利,刑事法律援助犹如"鸡肋"。① 长期以来,刑事法律援助制度改革始终受到广泛关注,统计数据也为我们描绘了一幅较

---

　　① 过往的实证研究中,有学者同样发现了这一问题。较有代表性的成果,可参见左卫民:《都会区刑事法律援助:关于试点的实证研究与改革建言》,载《法学评论》2014年第6期;刘方权:《刑事法律援助实证研究》,载《国家检察官学院学报》2016年第1期。

为乐观的图景。但刑事受援案件总数的大幅增长，很大程度上得益于"分阶段"的统计方式，亦即，程序向前延伸至侦查阶段后，原本的一个案件，现在三个阶段被统计成三个案件。在受援案件增长量低于预期的情况下，有些刑事法律援助仍是"走过场"，合法化与制度化的边际效用逐步放缓。借此为问题意识，本章试图在经验梳理的基础之上，结合案件社会学的知识论和方法论立场，勾勒出刑事法律援助的实践样态及其对案件社会结构的影响，进而回归刑事法律援助的本质定位，由此展开一种理性转向的可能——"政府扶持模式"，即通过社会向度之上刑事法律援助的竞争效应，破解数量有限、质量不高、经费欠缺等弊病，激活刑事法律援助的竞争生态。

一、法律援助样态异化与案件社会结构失衡

我们曾在S市、C市两地的区县选取了部分法律援助中心进行实地调研，通过参与观察和访谈等方法，发现刑事法律援助呈现出两种典型样态——"法援律师垄断"和"法援服务外包"，虽并非各地皆然，但个别地方的实践做法，却一定程度上可以解释刑事法律援助实效有限的原因。

（一）两种典型样态："法援律师垄断"与"法律服务外包"

"法援律师垄断"是指法律援助中心的律师"垄断"

当地刑事法律援助案件。有学者对多个市、区、县承办刑事法律援助案件的律师来源、办案比例进行调研，数据显示，社会律师仍是刑事法律援助的主力，而法援律师的比例则呈逐年下降趋势；尽管如此，其中仍有2个受访区县曾出现"法援律师垄断"的现象，这主要是因为边远、少数民族地区社会律师稀缺，法律援助机构不得已而为之。[1] 如果说此类地区之举措实属无奈，那么我们在调研（东部、中部地区）中所观察到的个别法律援助机构截留案件、垄断援助，就显得十分危险。其驱动利益主要来自两方面：一是办案补贴，调研显示，单个刑事法律援助案件的补贴并不高，但对于"垄断"的法援机构来说，原本机构内部的法援律师就多为个位数，以其平均年办案量计算总办案补贴，参照原本的年收入，仍是一笔可观的经济来源，因而试图将经费、补贴截留，拒绝社会律师介入；二是基于公职身份，法律援助中心是国家拨款设立的专门法律服务机构，隶属于司法行政部门，因而法援中心工作人员处于科层式行政架构之中，升迁、考评等因素势必影响其行为。访谈中我们发现，个别地方司法机关利用这一点，在某些案件中将法援律师作为"第二公诉人"，即使没有完全"垄断"法律援助

---

[1] 参见顾永忠、杨剑炜：《我国刑事法律援助的实施现状与对策建议——基于2013年〈刑事诉讼法〉施行以来的考察与思考》，载《法学杂志》2015年第4期。

服务，也在一些犯罪嫌疑人、被告人无力聘请律师的大案、要案中阻断了社会律师介入的渠道。

"法律服务外包"则相对更好理解。社会律师办案比例100%的地区并不鲜见，部分法律援助机构与当地固定几所律师事务所合作，由其包揽刑事法律援助业务。而相关律师事务所通常指派入行不久的年轻律师从事援助业务，但年轻律师能力有限、经验不足，以至于刑事法律援助成为年轻律师的"练兵场"。倘若认真练兵也未尝不可，但关键在于，"练兵"只是年轻律师初涉辩护业务的暂时"任务"，而非长久"责任"，因而便出现了将主要精力分配至收费案件，对于援助案件得过且过，甚至完全走过场的现象。个别律师在出庭之前从未阅卷、会见，更有连当事人都未曾谋面的，如此一来，刑事法律援助案件的质量自然堪忧。

将两种典型样态加以对比，"法援律师垄断"与"法律服务外包"存在不同之处，但其产生之背景与产生之影响是大致趋同的。对于犯罪嫌疑人、被告人来说，第一种样态，甚至可能导致其权利受到侵害，与援助律师的信任基础难以建立；第二种样态，倘若援助律师走过场，其辩护效果也就无从谈起。这也解释了为何部分犯罪嫌疑人、被告人并不愿意接受法律援助。产生这两种典型样态的背景在于，科层化架构之下的法律援助中心，习惯性地借助行政化思维适应其机构特性：一方面，简单地通过本中心律师垄断或固定合作律所承包法律援助案件，在提升案件分配效率的同时，对刑事法律援助案件进行"维稳"，避免刑事诉讼中不确定因素的介入；另一方面，即便在刑事法律援助案件质量存有疑问的现状下，也不愿意打破既有的案件分配模式，单向思维的"固执"仍占上风。就此而言，两种典型样态的产生均不是基于提升刑事法律援助质量的考虑，而是固有的行政化选择。两种典型样态还有个共同点是社会律师不能根据自己意愿承担法律援助。有志于提供刑事法律援助的社会律师难以承办刑事法律援助案件，而对刑事法律援助缺乏热忱的律师却在刑事法律援助案件中走形式，难免会产生负面影响：其一，对犯罪嫌疑人、被告人而言，刑事法律援助难以收获预期效果；其二，对有志于刑事法律援助的社会律师而言，其热忱可能因缺少参与渠道而逐渐消退；其三，对社会公众而言，国家投入巨大的法律援助，在应该发挥人权司法保障作用的刑事诉讼中却可能流于形式，其制度有效性引人质疑。

（二）案件社会结构：失衡之现实样态阻碍实质之质量提升

等腰三角结构是刑事诉讼的理想状态，即审判中立、控辩平等、控审分离，而通过案件社会学，可以进一步剖析这两种样态对于刑事法律援助案件社会结构之形塑。实际上，即便两个案件具备同样的事实和证据，其处理结果也可能有所差异，特别是对于刑事法律援助的受众而言，大多经济困难、社会地位不高，因而法律用量^①可能更大。布莱克（Donald Black）在诠释案件社会学时，将法律用量的变化因素总结为"对手效应"、"律师效应"、"第三方效应"和"讲话方式"。基于对手效应，接受刑事法律援助的犯罪嫌疑人、被告人与被害人之间社会地位的差距可能影响法律用量，当被害人社会地位高于被告人，则呈现为"下行的法律"，较之被告人社会地位高于被害人之"上行的法律"，其法律用量更高，亦即被告人可能受到更严厉的刑罚；然而，律师的参与程度同时可能影响案件社会结构，进而波及"第三方"及当事人的"讲话方式"。[②]

  理想的诉讼结构之下，第三方裁判者居中，与控辩双方的距离对等，处于等腰三角形的顶点，同时，裁判者与控辩双方的距离越远，其亲密关系越低，裁判的权威性也就越高；但在刑事法律援助案件中，被告人基于自身社会地位的不足，可能拉长其与裁判者的距离，形成控辩不平等的态势，从而导致更高的法律用量，因而尤其需要律师效应的介入形成推力，将其与裁判者的距

---

  ① "法律用量"，是指施加于个人或群体的政府权威数量，针对被告人的每一项法律行为是案件所引起的法律总量的一个增量。参见［美］布莱克：《社会学视野中的司法》，郭星华等译，法律出版社2002年版，第6页。

  ② 参见［美］布莱克：《社会学视野中的司法》，郭星华等译，法律出版社2002年版，第7—16页。

离缩短至与控方对等。据此，可以对当前刑事法律援助的两种样态加以研判："法援律师垄断"中，法援律师基于自身地位而与公权力产生的亲和性，导致其在特定案件中沦为"第二公诉人"，非但没有给予被告人应有的支持，反而将原本作用于辩方的推力让渡于控方，使得控辩双方原本就不对等的距离进一步拉大；"法律服务外包"中，律师社会地位愈高，当事人获益愈多，纵然律师无力消解所有不利因素，但通过自身社会地位带动被告人地位的提高，可能使司法机关对案件的处理趋于均质化，现实却是，大量承办援助案件的年轻律师的社会地位本身相对较低，且还存在走过场的倾向，对案件社会结构无法形成实质改观，甚至，还可能因为缺乏律师支持而左右被告人庭上的语言态势，无力的（powerless）表述势必影响裁判者心证。[1]

当然，刑事法律援助的普遍实践样态或许没有"法援律师垄断"和"法律服务外包"那么极端，但其案件社会结构仍然难以达到理想状态，结构失衡的现状之下，援助案件质量的提升无异于镌空妄实之想，刑事法律援助律师与当事人自行委托、聘请的律师相比，最根本的

---

[1] 对于无力的表述如何影响裁判者心证，可参见 Bonnie Erickson et al, Speech Style and Impression Formation in a Court Setting: The Effects of "Powerful" and "Powerless" Speech, Journal of Experimental Social Psychology, Vol. 14, 1978, p. 226。

区别，或许也正是体现在案件社会结构的形塑之上。刑事法律援助案件的质量评估并不能局限于案件的实体结果。案件社会结构可能带来的启示在于，一方面，审视程序运作过程中的辩护实质参与程度，从而引申出刑事法律援助在程序向度的质量评估；另一方面，以案件社会结构为参照，可以在刑事法律援助律师和当事人自行委托的律师之间进行辩护质量的可视化对比。

二、刑事法律援助的本质及其应然样态

试图走出结构失衡的窠臼，刑事法律援助首先需要重新认识自身本质属性。刑事法律援助的目的在于保障犯罪嫌疑人、被告人辩护权的有效行使：从自然状态出发，辩护权本质上是基于人性**趋利避害**的本能，类似遭遇攻击而条件反射地反抗，具有社会心理基础。控诉如同进攻，被追诉人自然试图反抗，这种本能在法律上被表述为"辩护权"；从人文状态理解，辩护权是基本权利的底线保障。基本权利是人权通过宪法制度化的成果，但基本权利可能因为司法行为的启动而受到侵犯。是故，辩护权是基本权利体系中的保障性权利，犯罪嫌疑人、被告人唯有借助对其的充分运用及行使，方能有效地参与刑事诉讼过程，并最终影响到关系其自身利益的判决，一旦这项权利也受到公权力侵犯，那么权利体系必然土

崩瓦解。①

《宪法》第130条规定:"人民法院审理案件,除法律规定的特别情况外,一律公开进行。被告人有权获得辩护。"辩护权并非列于第二章"公民的基本权利和义务"之中,而是在第三章"国家机构"第七节"人民法院和人民检察院"中予以规定,似乎更像是司法原则——如同本条前半部分规定之审判公开原则,而非基本权利。尽管这样的立法体例并不鲜见,但并不能就此认定"获得辩护"仅是司法原则而非基本权利,从文义解释出发仍可以将"获得辩护"从司法原则延展至基本权利体系。②更重要的是,"获得辩护"并不必然意味着有效辩护。

以无效辩护制度较为成熟的美国为例,其宪法第六修正案规定,"在所有的刑事诉讼当中,被告人享有……获得律师帮助其进行辩护的权利",同样没有明确界分辩护之"有效"抑或"无效",直到1984年Strickland v. Washington案③中,美国联邦最高法院指出:"(第六)修正案的设想是,对抗式的诉讼制度想要产生公正的结果,

---

① 参见谢佑平:《生成与发展:刑事辩护制度的进化历程论纲》,载《法律科学》2002年第1期。

② 对此较有代表性的论证可参见尹晓红:《我国宪法中被追诉人获得辩护权之保障》,中国政法大学出版社2013年版,第13—20页。

③ See Strickland v. Washington, 466 U.S. 668(1984).

就必须要充分发挥律师的作用。"同年另一个案例United States v. Cronic[①]案的判决意见指出:"获得律师有效帮助的权利,实际上就是被告人要求控方提供的案件事实经得起真正的对抗式标准检验之权利。"[②]至此,美国联邦最高法院确立了未受律师有效协助的三种类别,即辩护人造成的错误、政府的干涉行为和利益冲突。其中,被告人若主张辩护人造成的错误导致无效协助,应证明同时具备两项要件:一是"行为瑕疵"要件,辩护人行为瑕疵程度严重到未发挥其应有功能;二是"结果不利"要件,辩护人的瑕疵行为导致被告人防御上有不利的结果。[③]

然而,我国不同于英美法系国家,倘若以"行为瑕疵""后果不利"的要件研判前述之"法援律师垄断""法律服务外包"两种样态,皆有可能构成无效辩护:"法援律师垄断"造成案件结构失衡当然具备"行为瑕疵"与"后果不利"的要件。"法律服务外包"中,却不

---

① See United States v. Cronic,466 U.S. 648(1984).
② 参见[美]伟恩·R. 拉费弗等:《刑事诉讼法》(上),卞建林、沙丽金等译,中国政法大学出版社2003年版,第664页。
③ 相较于1970年以前"正义的笑柄"(mockery of justice test)——辩护人的无能致审判沦为闹剧,或1970年McMann v. Richardson案提出的"合理胜任"标准(Reasonable competence test),1984年的标准固然更加细致,但要求被告人同时证明"行为瑕疵""结果不利"两项要件方得主张无效之律师协助,其践行难度仍然较高。参见王兆鹏:《辩护权与诘问权》,台湾元照出版有限公司2007年版,第9—11页。

能仅仅因为律师资历不高而认定其构成无效辩护。但是，年轻律师在刑事法律援助案件中如果走过场，则符合具体瑕疵，可能构成无效辩护。

即使理论上足以解释，实务中仍然很难认识到辩护权的基本权利属性，指定辩护有时仅满足了形式合法性，而非真切认识到有效辩护对于程序正义的价值。为了避免投入与产出不成正比，刑事法律援助需要重新认识自身的本质定位，无论是法援律师抑或社会律师，其首要角色均为"律师"：1980年《律师暂行条例》将律师界定为"国家的法律工作者"①，1996年《律师法》表述为"为社会提供法律服务的执业人员"②，而2007年《律师法》将律师定位在"为当事人提供法律服务的执业人员"③，2017年《律师法》仍沿用了这一定位④。

律师角色之嬗变不应只是法律法规的表述有所差异，为了兑现有效辩护，刑事法律援助的应然样态之中，应当为刑事法律援助律师创造积极条件，使之回归本质、凸显特性，其中包括但不限于以下三点：

（一）平衡刑事法律援助案件结构的独立性

律师的独立性包括其组织的相对独立和工作形式的

---

① 1980年《律师暂行条例》第1条。
② 1996年《律师法》第2条。
③ 2007年《律师法》第2条。
④ 2017年《律师法》第2条。

相对独立，律师服务建立在与当事人双向合意的基础上，当事人对律师的信任，是律师从事法律服务的前提。纵然律师制度与行政、司法制度具有同一阶级和政治属性，但在形式上仍是可以保持独立的，所谓独立是相对公权力而言，并不意味着律师应当定位在自主性的司法单元或完全独立的准司法机关；[1]律师本应是被告人的权利拥护者、代理人及辅助者，倘若社会主体普遍感悟律师执业行为或立场亲近于行政、司法行为时，无异于丧失社会基础。[2]由此观之，"法援律师垄断"所可能导致的，并不仅仅在于个案结构失衡，更重要的是失去当事人，甚至社会对法律援助的信任。同样的伦理冲突也发生在近些年试点的公设辩护人制度[3]。"公设"表明其受雇于国家，具有公务人员身份，因而，公设辩护人能否有效保障被告人权益进而对抗指控，始终受到质疑。

---

[1] 参见陈运财：《刑事诉讼法之修正与刑事辩护》，载《月旦法学杂志》2006年第10期。

[2] 参见谢佑平：《社会秩序与律师职业——律师角色的社会定位》，法律出版社1998年版，第44—45页。

[3] 2010年10月27日，我国首家公设辩护人办公室在上海市浦东新区挂牌成立；2012年3月，长沙市法律援助中心设立专职辩护人办公室。2016年3月22日召开的中央全面深化改革领导小组第二十二次会议审议通过了《关于推行法律顾问制度和公职律师公司律师制度的意见》，会议强调，在党政机关、人民团体、国有企事业单位普遍建立法律顾问制度和公职律师、公司律师制度，是落实全面依法治国的重要举措。

以域外为借镜，公设辩护人办公室在美国设立之初，其作用确为提高诉讼效率，角色定位亦只是法庭助手（arm of the court），直到1963年Gideon v. Wainwright案[1]，公设辩护人之立场开始转向保障贫困被告人基本权利，以辩护律师的身份提供有效辩护，独立于政治影响。[2]为了巩固公设辩护人的独立性，美国律师协会制定的《公设辩护服务制度十项原则》(Ten Principles of a Public Defense Delivery System)首条即："公设辩护律师的选任、经费、报酬是独立的。"(The public defense function, including the selection, funding, and payment of defense counsel, is independent.)在此之前，一系列判例也厘清了公设辩护人与政治影响、司法权力以及当事人之间的关系——除了报酬来自政府，其角色与非官方的社会律师并无二致。[3]当然，独立性的保障并非仅仅通过判例和职业准则即可兑现，在访问美国某公设辩护人办公室时，那些著名法学院毕业的高材生表示，真正支

---

[1] See Gideon v. Wainwright, 372 U.S. 335(1963).

[2] See Kim Taylor-Thompson, Individual Actor v. Institutional Player: Alternating Visions of the Public Defender, Georgetown Law Journal, Vol. 84, 1996, p. 2419.

[3] 相关判例有Spring v. Constantino, 362 A.2d 871(1975); Mears v. Hall, 569 S.W.2d 91(1978); Com. v. Wilcox, 392 A.2d 1294(1978); Branti v. Finkel, 100 S.Ct. 1287(1980); Polk County v. Dodson, 454 U.S. 325, 318(1981).

撑他们放弃高薪、投入此项事业,并始终保持独立性的,是职业理想。①而"独立性"不仅仅意味着形式或机体上的独立,更重要的是,独立性应当起到平衡刑事法律援助案件结构的作用。案件社会结构理论之精义,在于律师通过自身具有独立性的社会地位带动被告人地位的提高。如果从形式或机体上考量,"法律服务外包"之样态同样具有独立性,但这样的独立性并不能有效地平衡刑事法律援助案件结构,无法将辩方推向与控方平等的地位,因而并不是刑事法律援助的应然样态。

(二)适应刑事法律援助案件类型的专业性

布迪厄(Pierre Bourdieu)将"司法场域"定义为:"一个围绕直接利害相关人的直接冲突,转化为由法律规制的法律职业者通过代理行为进行的辩论而组织起来的社会空间",当事人尽管发现自己身处其中,但事实上由于自己没有能力完成进入这个社会空间所必需的心理空间(尤其是语言态势)转换,而被排除在外。②被告人对法庭环境、程序均不熟悉,而控方具备丰富的法律知识,倘若无法获取专业的律师帮助,则控辩间的鸿沟难以填

---

① 此处访问信息来自与吉冠浩博士的交流,特此致谢。
② 参见[法]布迪厄:《法律的力量——迈向司法场域的社会学》,强世功译,载《北大法律评论》第2卷第2辑,法律出版社1999年版,第496页。

补，程序公平性近乎无本之木。①

2015年中共中央办公厅、国务院办公厅印发的《关于完善法律援助制度的意见》明确指出："加强刑事法律援助工作。注重发挥法律援助在人权司法保障中的作用，保障当事人合法权益。"而其中"健全法律援助参与刑事案件速裁程序试点工作机制。建立法律援助参与刑事和解、死刑复核案件办理工作机制"，均是刑事诉讼制度改革所带来的新领域、新问题，需要大量法律援助介入。刑事法律援助案件，可能兼负教育、挽救、感化之责任（未成年人犯罪案件），或者案情疑难复杂可能判处极刑（死刑、无期徒刑），其专业性应当首先体现在由专业的刑辩律师提供援助，其次是在各类型的刑事法律援助案件中需要具备独有的辩护专长和领域。然而，现有的刑辩执业环境不佳，不仅新人不愿涉足，一些资深的刑辩律师也开始转向民商事领域，但至少普通案件当事人有能力根据自身需要选择社会律师，而接受刑事法律援助的犯罪嫌疑人、被告人本就无力聘请律师。"法援律师垄断"之下，法援中心律师数量有限，多为博而不专，很难面面俱到；"法律服务外包"之下，年轻律师初涉实务，经验有限，有些甚至尚未规划职业定位，专业性不足。

---

① 对此，王兆鹏教授将审判中辩护制度之理论基础总结为：当事人对等、程序公平性和保护被告利益。参见王兆鹏：《辩护权与诘问权》，台湾元照出版有限公司2007年版，第73页。

（三）提升刑事法律援助案件影响的社会性

尽管我国律师角色从"为社会提供法律服务"向"为当事人提供法律服务"转变，但并不意味着律师就此可以排除社会性特质。因为律师的产生和存在需要国家法律加以确认，其执业行为受法律约束，同时律师提供法律服务的目的在于促进法律正确实施，某种意义上，律师职业的社会性是由法律本身的社会性所决定的；这也正是为什么我国古代的"辩护士""讼师"不能等同于现代职业律师，其活动目的并非使社会公众了解法律、掌握法律和运用法律，亦不为统治阶级所接受。[1]刑事法律援助案件结构的平衡，一方面，需要刑事法律援助律师借助其社会地位、社会资源带动被告人地位的提升，进而与控方展开平等对抗；另一方面，个案结构之平衡，能将刑事法律援助的正面影响从局部个案延伸至整个社会，反之，个案结构之失衡，刑事法律援助的负面影响则会进一步根植于当事人、律师乃至社会公众心中。尽管指定辩护、强制辩护有违自愿与合意的社会契约基础，与普通案件中律师与当事人关系建立的方式有所区别，但将视阈从个案扩及社会，刑事法律援助本就是司法制度与社会公众达成的一项契约，毕竟，每一位公众都是

---

[1] 参见谢佑平：《差异与成因：中国古代"辩护士"、"讼师"与现代职业律师》，载《比较法研究》2003年第2期。

法律援助的潜在受益者；同时，刑事法律援助作为一项制度，其作用也不应仅仅局限于个案，而应当将福祉惠及整个社会，促进社会公众对刑事程序的独立价值形成正确认识，培育无罪推定的共识基础。就此而言，刑事法律援助的改革需要在社会向度着力，改变过往的封闭样态，为社会参与创造条件，形成政府与社会之合力。

三、刑事法律援助的社会参与及其竞争效应

传统理论观点认为，现代法律援助制度形成的主要助力来源于国家责任，具体表现在有关法律援助的立法、法律援助机构及人员设置、法律援助经费来源之上，并将其视作区别于传统法律援助——慈善行为性质——的基本要素。[①]我国法律援助从无到有，从试点建设到制度生成，均渗透着国家责任的关怀，并以政府为代表主导实践运作，[②]这种建构进路可以称作"政府主导模式"（如图5-1所示）。正是这一模式，赋予法律援助形式上的合法性与制度性，受援案件数量显著增长；同时，机构、资金、人力的投入，使制度环境之下法律援助的密度提升，反向赋予法律援助实质上的合法性与制度性。在密

[①] 参见李学宽、胡玉霞：《现代法律援助制度中的国家责任》，载《现代法学》2001年第5期。

[②] 《法律援助条例》第3条规定："法律援助是政府的责任……"

度提升的过程中,规则维度的确认带来认知维度的融合,法律援助进入社会公共话语体系,吸引更高的社会期待,但前已述及,这种模式之下衍生出两种典型样态——"法援律师垄断"与"法律服务外包",不仅案件质量无从保障,甚至可能由此消解此项制度的社会信任基础。密度提升到一定的临界点,这一促进作用的边际效用即会逐渐放缓,这也解释了为什么——无论是数据统计抑或近景观察——"政府主导模式"之下的刑事法律援助改革没有取得预期的成效。实际上,我国对于法律援助的关切还不够,理论界多年来始终呼吁加大投入,但从我国现有的资源分配出发,很难一蹴而就;因此,政府需要在刑事法律援助制度的改革进路中适当让路,允许非政府的行动力量参与,但这并不意味着国家责任的免除,只是政府应当由"主导"转向"扶持",以监督者、指导者而非管理者的身份培育多元化的法律援助队伍,做到"各就各位","各司其职",以"竞争效应"弥补合法性与制度性效应之乏力,[1]带动和激活刑事法律援助的生态环境,在资源优化配置的基础上,实现收益最大化。

---

[1] 关于竞争效应与合法性、制度性效应的关系阐释,可参见刘子曦:《法治中国历程——组织生态学视角下的法学教育(1949—2012)》,载《社会学研究》2015年第1期。

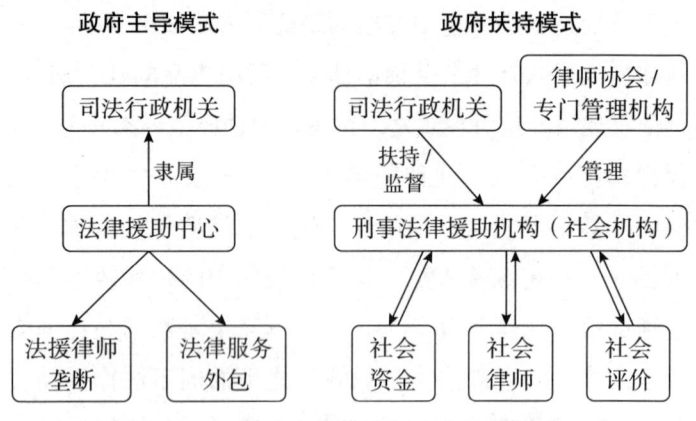

```
                政府主导模式                    政府扶持模式

                                                          ┌─────────────┐
                                                          │  律师协会/   │
                ┌─────────────┐        ┌─────────────┐   │ 专门管理机构 │
                │ 司法行政机关 │        │ 司法行政机关 │   └─────────────┘
                └─────────────┘        └─────────────┘
                       ↑                    扶持/           管理
                       隶属                  监督
                ┌─────────────┐        ┌───────────────────────────┐
                │ 法律援助中心 │        │ 刑事法律援助机构（社会机构）│
                └─────────────┘        └───────────────────────────┘
                    ↙     ↘              ↙       ↕        ↘
              ┌───────┐ ┌───────┐    ┌──────┐ ┌──────┐ ┌──────┐
              │法援律师│ │法律服务│    │ 社会 │ │ 社会 │ │ 社会 │
              │ 垄断  │ │ 外包  │    │ 资金 │ │ 律师 │ │ 评价 │
              └───────┘ └───────┘    └──────┘ └──────┘ └──────┘
```

图 5-1　政府主导模式与政府扶持模式

合法性与制度性效用在法律援助培育之初，无疑具有决定性的促进作用，但其边际效用一旦放缓，则会逐渐被竞争效应所覆盖，某种意义上，这是制度环境之下的"自然法则"。"政府扶持模式"（如图 5-1 所示）下，刑事法律援助中政府更多地应当承担起政策制定、业务培训、机构监督的责任；而社会律师提供法律援助的同时，得益于社会评价，可能对其业务水准、职业前景带来实质性提升，从而形成"竞争"，督促其认真对待法律援助案件。需要说明的是，在"政府扶持模式"之下，国家责任的主要担当方式，就是加大对经费的投入和审计，如果说社会机构、社会律师和社会评价的引入，需要政府适当让路，培育竞争生态，那么，社会资金的引入，只是部分弥补法律援助经费的短缺，并不能直接改变财政拨款的主导地位。

（一）社会机构

当前，我国的法律援助事务基本由政府法律援助机构完成，即隶属于司法行政机关的法律援助中心。法律援助中心对于辖区内提供刑事法律援助的具体样态拥有一定裁量权，可以在"法援律师垄断"与"法律服务外包"之间有所往返，但不可避免地，其中多多少少掺杂着部门利益乃至个人利益。机构的隶属，很大程度上决定其独立性，以美国公设辩护人组织为例，其中隶属行政分支的数量最多，其次为司法分支，隶属独立机构或私人非营利组织的情形在以往并不常见，但隶属于行政或司法分支致使公设辩护人之独立性与正当性受到质疑，独立机构及私人非营利组织运作之下的公设辩护人组织开始逐渐走上前台，正如哥伦比亚特区公设辩护人服务（PDS）[①]凭借独立的私人非营利性质而享有美誉。实际上，人口愈稠密、案源愈充足，公设辩护人办公室愈是能正常运转并达到其预期效果，[②]无论是人口稠密度抑或案件需求量，我国状态较之美国更甚，因而，专门法律援助

[①] 哥伦比亚特区公设辩护人服务虽然同样受联邦资助，但却由 11 人组成的受托人委员会（Board of Trustees）进行管理，足以保证这一法律组织的独立性，进而成为模范项目。See Avis E. Buchanan, The Public Defender Service for the District of Columbia, FY 2012 Annual Report, 2012, p. 1.

[②] 参见吴羽：《美国公设辩护人制度运作机制研究》，载《北方法学》2014 年第 5 期。

机构在刑事法律援助中或许更具效率，可以借鉴域外经验，适当增加法律援助机构的社会元素，但并不一定需要"公设辩护人"之名——姓"公"反而可能导致缺乏相关理论背景的公众对其独立性产生怀疑。一种可能的改革进路是在律师协会之下设立刑事法律援助机构，实行刑事法律援助机构与律师事务所双轨制，但二者均雇佣社会律师，只是刑事法律援助机构专门提供刑事法律援助，其律师并不承办普通社会案件；另一种方向是扶持现有的社会法律援助机构，促使其在刑事法律援助中发挥更大作用，并设立省级管理机构根据辖区特点进行地方化管理；但无论选择以上何种设计，现有的法律援助中心应当退出刑事法律援助案件的具体参与，[1]转向政策制定、业务培训、经费审计等"扶持"之角色。

（二）社会资金

受地方性因素制约，各地经费状况参差不齐，加之刑事法律援助经费并未专项列支，存在被其他法律援助案件挤压的可能，因而刑事法律援助的经费保障不容乐观。我国法律援助经费主要来源于地方财政、中央转移支付和中央彩票基金，同时，也有公益人士和组织通过

---

[1] 必须指出，此改革设计仅针对刑事法律援助领域，现有的法律援助中心在刑事以外的法律援助案件中并没有如此突出的独立性问题，且实践效果相对乐观，因而本章所论述的并不涉及民事、行政法律援助问题。

向中国法律援助基金会奉献爱心的方式提供支持,但政府财政拨款仍是法律援助经费增长的主要动因。在"政府主导模式"之下,倘若仅倚仗政府财政拨款补齐我国法律援助经费的不足,现阶段并不现实,尽管我国经济发展迅猛,但财政之短缺并不只有法律援助。实际上,经费问题除了关乎制度运行,更决定着刑事法律援助的实效——保障辩护质量的法律培训和辩护资源均离不开经费支持。因而,现阶段更切实际的选择是:其一,合理分配法律援助经费,提高办案经费比例。当前办案经费仅占法律援助经费总数的三成左右,加之刑事案件受援比例不足两成,亦即刑事案件办案经费仅有法律援助经费总数的百分之六左右,而绝大多数经费的去向是机构管理,如果法律援助机构实现社会化转向,这样的局面可能有所改观。其二,通过公益基金,可以进一步吸引社会资金投入。但这是一个相辅相成的问题,试图吸引社会资金,需要首先体现出刑事法律援助的社会意义和社会实效,方能吸引社会关注,从而获取更多社会力量的资助,推动刑事法律援助进一步发展。这与通过慈善行为发起的传统法律援助并不类同,如此进路之下,国家责任并没有被免除,仍是财政拨款为主、社会资金作为补充,且政府应承担经费审计之角色。

(三)社会律师

刚毕业的年轻律师很难拥有稳定的案源,而律所提供的案件中，有一部分即法律援助案件；但"法律服务外包"样态由于没有足够的激励机制和上升通道，导致年轻律师并不投入，辩护质量无法得到保障。而社会化的刑事法律援助机构为年轻律师提供了另一种就业可能，从事专门的刑事法律援助既不愁案源，也可以积累办案经验，并有机会树立自己的口碑，当然，这需要一定的报酬加以保障。笔者认为，可以以现有公务员待遇为标准，通过法律援助经费的合理配置加以支持。律师的社会性特质决定了行业自治的必要性，这也正是为什么有必要通过社会资金的介入打破过往对政府投入的依赖。更重要的是，这一模式之下的法律援助律师，需要一种可能的上升机制作为职业动力，借助法律职业共同体的良性互动，优秀的法律援助律师可以被优先遴选为法官、检察官，同时也可以在从事一段时间的法律援助后，凭借名望的积累，转为普通社会律师，进行有偿法律服务、形成固定的客户群体。"政府扶持模式"中的政府与社会律师之关系，并非管理与被管理，而是政府通过对业务培训的设置和职业上升通道的建构，给予法律援助律师扶持和激励，使其安心从事刑事法律援助，努力提升辩护质量。

（四）社会评价

非政府的行动力量介入，不意味着政府完全从中抽离，只是从全盘控制转向适当扶持，激励社会法律援助机构、法律援助律师之间形成市场化竞争，而这一竞争的标准即社会评价。现有的法律援助评价体系主要是主管部门主导下的质量控制，然而，法律援助机构、服务人员、受援人乃至政府、社会的心理预期各有不同，即使规范前馈控制、过程控制和反馈控制等技术，评价主体的地位仍是左右评价结果的最根本因素。有学者曾提出，利于人权保障的计量考核可以推广，并且实践表明足以取得一定效果。[1]但这本质上是科层制内部的控制手段，不符合律师的职业特性；律师的知名度是通过个案积累，并口口相传的，这本质上是一种社会评价，如此之评价标准具有普遍意义，律师只需要对受援人负责而不必迎合量化指标。可见，有效辩护的质量控制并非行政化的上下级考核即可兑现，相比之下，将评价之权利让渡于社会，其评价结果可能更令人信服，并对刑事法律援助律师的口碑和职业前景产生实质影响，进而得以与刑事法律援助律师的职业上升通道接驳，以此建构社会机构、社会资金、社会律师、社会评价参与、竞争下的"政府扶持模式"。

四、小结

行文至此，本章借助案件社会学的知识论和方法论，

---

[1] 这一观点由宋英辉教授在2014年9月中国政法大学诉讼法学研究院主办的"刑事法律援助实施情况总结研讨会"上提出。

初步呈现了"政府主导模式"之下"法援律师垄断"与"法律服务外包"两种典型样态对于案件社会结构的形塑；进而，回归刑事法律援助的基本立场——私权保障，以及刑事法律援助律师的本质特性——"平衡刑事法律援助案件结构的独立性"，"适应刑事法律援助案件类型的专业性"，"提升刑事法律援助案件影响的社会性"，可知现有之改革进路实乃"政府主导模式"功利化的制度愿景，非但实效不及预期，改革空间同样有限，合法化与制度化的边际效用呈递减趋势；是故，在法律援助制度改革"提档加速"的第二个十年里，所谓理性化的转型进路，是在秉持法律援助乃国家责任之立场的同时，充分引入非政府的行动力量，以社会机构、社会资金、社会律师和社会评价作为"政府扶持模式"之基础，利用社会向度之上刑事法律援助的竞争效应，勾勒出刑事法律援助的理想图景。需要指出，本章运用的案件社会学是法律社会学中的微观视角，倘若刑事法律援助真正实现社会参与，还需通过更为宏观的法律社会学对其社会效果、文化效果加以研判，特别是竞争效应在规则维度与认知维度的形塑作用，毕竟，刑事法律援助作为一项制度，其效能并非仅仅局限于案件本身，更应惠及整个社会。

下 篇

刑事司法与类型化、体系化思维

第六章 刑事司法规律：「以审判为中心」的本质定位

一、作为刑事司法规律的"以审判为中心"

转型时期,司法必须为国家治理现代化作出应有的贡献,承担相应的责任。是故,急需强有力的举措促使司法权重获权威性,切实提升司法公信力。党的十八届四中全会将"依法治国"作为主题深入研讨,并通过了《中共中央关于全面推进依法治国若干重大问题的决定》(本章简称《决定》),提出"以审判为中心"。

其实,不少现代法治国家均经历了确立审判中心的改革历程,因而有必要对域外刑事诉讼制度发展沿革加以梳理,并作出规律性总结。以美国为代表的英美法系,在学说上的确没有"以审判为中心"的特殊提法,但其审前程序(pre-trial)、审判程序(trial)和审后程序(post-trial)的程序设置本身即体现了"审判中心"之传统;法律(司法)至上、判例和先例、辩论式诉讼程序作为使得普通法区别于其他法律制度的三个特征,[1]也进一步奠定了审判程序在英美法系的中心地位。日本在"二

---

[1] 参见[美]罗斯科·庞德:《普通法的精神》,唐前红等译,法律出版社2010年版,第15页。

战"后通过宪法和刑事诉讼法的制定确立"以审判为中心",很大程度上与其战败国的身份有关,美国在这一过程中将其"以审判为中心"的刑事司法传统灌输至日本,却积极推动了日本刑事诉讼制度的发展和完善,逐步走出"笔录裁判"的实践困境,①尤其是强化庭审功能的唯起诉书主义、诉因制度、证据能力之限制、证据调查之当事人主义,以及确立司法审查的强制处分令状主义。相比之下,德国确立审判中心的改革进程则是自发的,系针对刑事司法之实践问题而探索出的理性进路,包括确立直接、言词原则,以及废止预审、检察机关的最后讯问和最后审问权,确立"中间程序"以串联准备(侦查)程序和主要(审判)程序。韩国亦是如此,其所针对的实践弊病即扭转案卷或笔录裁判、保障裁判者的

---

① 日本在理论上存在"笔录裁判"的提法,与我国的"案卷中心"近似。其特指相较于在法庭上通过询问证人所获得的证据,法官更偏重侦查过程中所形成的供述笔录,基于笔录形成心证的一种司法实务现状,通常作为一种批判性概念使用。日本现行刑事诉讼法采用了唯起诉书主义和传闻证据规则,限制侦查文件轻易地被法庭采用,欲以此实现审判中心主义;但刑事诉讼法中有关传闻证据规定的例外颇多,司法实务中这些例外也时常被灵活运用,故和法律制定的初衷不符,并且,法官经常在自己家中通过对侦查笔录进行精读形成心证,以致庭审形式化,是故,如何解决"笔录裁判"的问题始终是日本刑事司法改革的一个重要课题。参见[日]三井诚等编:《刑事法辞典》,日本信山社2003年版,第555页。

独立地位不受干扰。①不难发现，从英美法系到大陆法系、从当事人主义到职权主义，"二战"结束至今，"以审判为中心"的刑事诉讼制度在现代法治国家逐步确立。**两大法系在这一点上达成共识，足以说明"以审判为中心"是现代刑事诉讼的客观要求、规律所在，是克服刑事司法实践问题的必由之路。**正如罗科信（Claus Roxin）从判决职权、判决基础、程序完整性和被告权益保障四个向度，对审判程序之中心地位所进行的全面阐释：审判程序中才开始就被告的罪责之有无问题做最终、具法律效力确定之判断；所有的证据在此亦均需依言词辩论及直接原则、依严格证据之规则及在审判公开的监控下被提出。判决只得"从审判程序中所获取者"才能作为依据；并且法定的审判原则只有在审判程序中才有如此广泛的运用；不论如何，审判程序在被告为争取获判无罪或获判轻微的处罚所从事的辩护中，均予被告极大的机会。②

党的十八大以来，我们强调深化司法改革要符合中国国情、遵循司法规律。然而，对司法规律的研究却仍有待深入，对中国特色社会主义司法规律的科学认知成果还不足，以致司法改革缺乏明晰的理论指导。为了落

---

① "以审判为中心"的域外经验梳理和规律总结，参见卞建林、谢澍：《"以审判为中心"：域外经验与本土建构》，载《思想战线》2016年第4期。

② 参见［德］克劳思·罗科信：《刑事诉讼法》（第24版），吴丽琪译，法律出版社2003年版，第390页。

实《决定》所确立的改革方向，推进以审判为中心的诉讼制度改革，首先应当摆正"以审判为中心"的定位，认识到其刑事司法规律的性质，充分把握理论脉络与实践进程，探索适应本土的理论体系与改革进路，在此过程中可以域外为借镜。相反，倘若以存在偏差的理论体系为指导，进而盲目地找寻对策、探索路径，则改革近乎无源之水、无本之木，难以最终兑现"以审判为中心"的实质内核。

需要指出的是，"以审判为中心"的诉讼制度改革应当避免"宽泛化"理解，其范围仅限于刑事诉讼领域。因为"以审判为中心"的提出主要是为了扭转"以侦查为中心"的现实困境，同时矫正"案卷中心主义"、检讨"诉讼阶段论"，而这在民事诉讼、行政诉讼领域并没有显现。并且，在民事诉讼、行政诉讼领域强调"以审判为中心"甚至可能带来负效应，例如，如果推进"以审判为中心"的民事诉讼制度改革，很可能异化为审判权约束诉权，而非二者之良性互动，从而牺牲当事人利益。但在司法规律中，需要区分刑事司法规律、民事司法规律和行政司法规律等下位概念，分别对不同诉讼领域进行具体指引。"以审判为中心"作为刑事诉讼制度的改革方向，也正是现代法治国家刑事司法规律的总结和提炼，两者间形成互动关系（如图6-1所示）：**"以审判为中心"的理论体系以刑事司法规律为基础；"以审判为中心"的刑事诉讼制度推动刑事司法规律的生成。**而作为刑事司法规律的

"以审判为中心"在具体指导刑事司法改革与实践时,根据不同的立场与标准可以进一步加以细分。一方面,**以诉讼阶段和职权机关划分**,可包括刑事侦查规律、刑事检察规律、刑事审判规律和刑事执行规律,各职权机关之权力配置与运行即由此产生分野。另一方面,**借助"司法规律层次论"**[①]**的理论划分**,可包括:表层之构造论规律,揭示刑事司法的构成单元及其相互关系和基本属性,即各机关职权配置及其相互关系;中层之运行论规律,揭示刑事司法的运行方式及其基本法则与价值趋向,即刑事司法实践及其运作所遵循的基本原则与价值观;深层之生成论规律,揭示刑事司法之生成与进化的历史过程和深层本质,即刑事司法的变迁历程及其背后的发展助力。

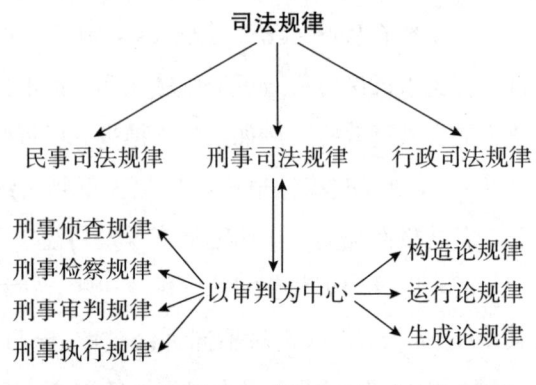

图6-1 司法规律与"以审判为中心"关系

---

① 关于"司法规律层次论"的理论体系,以及其中构造论规律、运行论规律和生成论规律的具体阐释,参见江国华:《司法规律层次论》,载《中国法学》2016年第1期。

此外，作为各方改革主体共同遵循的刑事司法规律，"以审判为中心"并不意味着"部门利益化"，在中国语境之下不能等同于以法院或法官为中心。正如"以审判为中心"既不否认审前程序的重要性及其终结诉讼的权力，亦不企图弱化侦查与检察职能，[①]而是优化全局的改革方向。但相应地，也不应该出于部门利益而刻意地将"以审判为中心"与丰富公安机关侦控手段、扩大检察机关起诉裁量权抑或加强对审判活动的诉讼监督相联系。如此，"以审判为中心"方能作为规律之总结与提炼，进而对刑事司法产生积极的指引作用。

二、"以审判为中心"之规律总结与体系化建构

推进"以审判为中心"的诉讼制度改革，是党的十八届四中全会为健全刑事司法职权配置与运行、完善刑事诉讼程序设计而作出的重要部署。在改革范围上，"以审判为中心"关乎刑事司法全局，不能片面和僵化地等同于提升侦查水平、保障证据质量抑或确保审查起诉经得起考验；在时间规划上，"以审判为中心"是未来较长一段时间内我国刑事司法改革的基本方向，而非短期

[①] 审前案件分流正是"以审判为中心"得以实现的基本条件之一，只有重大、疑难、复杂的案件才需要经历完备的审判程序。参见杨宇冠、杨依:《"以审判为中心"的若干问题研究》，载《西北大学学报（哲学社会科学版）》2016年第3期。

内的权宜之计。有观点认为:"审判中心这一概念并非舶来品,我们在西方法治国家的法律规范中无处可寻,英文表述中也没有审判中心的专门术语。"[①]但前文之初步梳理,已足以对上述判断加以证伪。当然,这并不意味着"以审判为中心"的诉讼制度改革可以照搬域外经验。回到中国语境,"以审判为中心"需要经历本土化的话语诠释,其**核心要义**是:强调法官在定罪科刑方面的唯一性和权威性,法治国家中,唯有法官有权对被告人定罪并科以刑罚;强调审判在刑事诉讼中的核心地位,通过建立公开、理性、对抗的平台,对证据进行审查,对指控进行判定,实现追究犯罪的正当性和合法性;强调法庭审理的实质意义,一切与定罪量刑有关的证据都要在审判中提交和质证,所有与判决有关的事项都要经过法庭辩论,法官判决必须建立在法庭审理基础之上;强调对被告人辩护权的保障,特别是被告人对不利于自己的证人当庭对质的权利;强调重视律师的辩护作用,切实保障辩护律师权利,认真听取律师辩护意见;强调司法权对侦查权的制约,发挥审判对审前诉讼行为的规范和指引作用。[②]

---

① 因此,论者认为"审判中心是我国法律界针对司法实践状况所提出来的术语,是对应侦查中心而使用的",但前已述及,日本相关学者早已针对"笔录裁判"提出了"审判中心",并非我国首创。

② 参见卞建林、谢澍:《"以审判为中心"视野下的诉讼关系》,载《国家检察官学院学报》2016年第1期。

具体而言，将现代刑事司法之规律性进行延伸总结，并结合中国语境与现实问题，可以形成"以审判为中心"的本土化理论体系（如图6-2所示）：

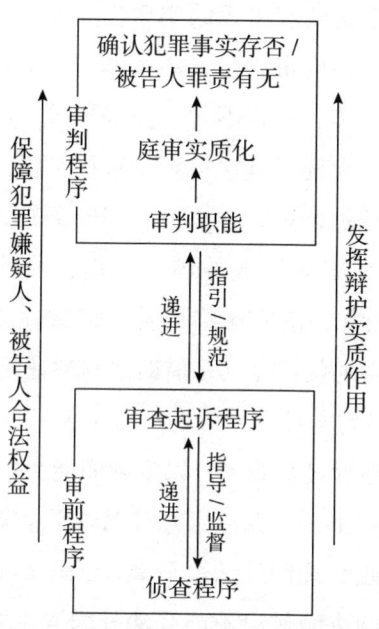

图6-2 "以审判为中心"的本土化理论体系

其一，确认犯罪事实之存否与被告人罪责之有无应当由法官通过审判进行。《刑事诉讼法》第12条规定："未经人民法院依法判决，对任何人都不得确定有罪。"由此明确了审判是确定被告人是否有罪的唯一阶段，只有在审判阶段，被告人的刑事责任问题才能得到终局的、权威的判定，亦即审判在国家追诉活动中具有不可让渡的决定性地位。这也是"以审判为中心"在《刑事诉讼法》

中的直接依据。审判——尤其是第一审——是决定国家对于特定的个人有无刑罚权以及刑罚权范围的最重要阶段,未经法官审判,任何人不得被视作罪犯。

其二,强化法庭审理的实质性。控、辩、审之间的等腰三角结构在庭审中得以集中体现,法官中立、不偏不倚,诉审分离、不告不理,控辩平等、两造对抗,贯彻直接、言词原则,直接审理、直接采证,以言词陈述的方式进行证据调查,并配合不间断原则,保持裁判者基于直接言词审理形成的内心确信具有连贯性、正确性。[①] 唯有如此,法庭的终局性、权威性方能显现,突出审判的中心地位,尤其是借助法庭举证质证的实质化,避免将事实认定与证据评价的权力让渡于侦查机关。

其三,在诉讼职能上,以审判职能为中心。"以审判为中心"的刑事诉讼制度,意味着法院在履行审判职能时需要与行政管理制度适度分离。无论是惩罚犯罪抑或保障人权,判决的作出不能受法外因素影响,审判权运行应当严格限制于审判制度的框架之下,排除行政管理制度的侵扰和干预,遵循证据裁判主义,通过正当程序彰显审判职能的正当性和终局性,实现定分止争的社会功能。某种意义上,建构"以审判为中心"的刑事诉讼制度,就是树立权威的过程,包括法官在法庭上的权威、

[①] 参见卞建林:《直接言词原则与庭审方式改革》,载《中国法学》1995 年第 6 期。

法院在诉讼过程中的权威、司法在定分止争上的权威等。而权威的树立,需要切实履行审判职能,判决不能通过行政化方式简单地建立于侦查结论与材料之上,而应借助司法公开,强化判决书的说理性,呈现判决形成的正当性、合法性基础。

其四,侦查、起诉与审判呈递进关系,审判对审前程序进行指引与规范。"递进关系",意味着层层推演,在认识上由浅入深,有别于不分主次的传统诉讼阶段论。可以联系德国、日本刑事诉讼法学中的"动态理论",即使刑事诉讼程序启动的推定经过控辩双方的攻防对抗,其成立与否可能发生动摇和变化。而判决的作出必须依据其最终发展的态势加以判断,审判作为刑事诉讼中一锤定音的阶段,自然是"动态理论"之下的中心和终局阶段。[1] 此外,通过审判程序对审前程序的指引和制约作用,进行程序控制,凸显审判之中心地位,司法职权的配置与运行、诉讼制度的设计与实现均围绕审判程序进行,进而统摄整个刑事诉讼程序。而在审前程序中,审查起诉程序与侦查程序之间同样应当显现递进性,检察机关需要对侦查机关进行指导和监督,必要时还应及时介入案件侦查,通过同步、动态的指导和监督,保障侦查活动的合法性、正当性、有效性,从源头上防止冤假

---

[1] 参见[日]松尾浩也:《刑事诉讼法(上)》,丁相顺译,中国人民大学出版社2005年版,第3页。

错案。

其五，保障犯罪嫌疑人、被告人合法权益。"尊重和保障人权"已写入《宪法》和《刑事诉讼法》，随着人权保障的理念深入人心，刑事司法领域中犯罪嫌疑人、被告人的权益保障问题更加受到关注。审判程序是被告人争取合法权益的最后阶段，按照"以审判为中心"的刑事诉讼制度所描绘的图景，举证质证、证人出庭、交叉询问等环节均发生于审判阶段。辩方可以借助于此实现等腰三角结构的平衡与稳定，尤其是不利于被告人的证人证言应当在庭上对质，在与控方的实质对抗中保障被告人合法权益。国家追诉行为启动后，"犯罪嫌疑人"之称谓转变为"被告人"，从而获取应诉权，但在审前阶段犯罪嫌疑人的合法权益同样不容侵犯，尤其是在侦查活动和强制措施之中，应当依法行使职权。

其六，发挥辩护实质作用，加强辩护律师执业权利保障。建构"以审判为中心"的刑事诉讼制度，需要充分发挥辩方的实质作用，保障其积极、有效地参与诉讼进程。庭审实质化之关键在于等腰三角结构的稳定，审判和控诉职能由作为国家机关的法院、检察院承担，其角色诠释较为稳定，而被告人基于自身社会地位、知识结构的限制，往往无法凭一己之力与控诉方对抗。因而，其是否获得有效辩护即成为庭审中等腰三角结构是否稳定的最大变量。在刑事诉讼中确立"诉"的机制，意味着被告人成为程序主体，获得"辩"的地位，与追诉犯罪的国家机关平等而立，将国家追诉权力导入程序规则从而避免膨胀和滥用的同时，也反向决定着"诉"能否发挥引导程序展开、贯穿程序始终的灵魂作用。[1]2012年《刑事诉讼法》修改确立了侦查阶段中律师"辩护人"的地位，这意味着诉辩关系向侦查阶段延伸，因而需要通过审前程序的诉讼化改造，为律师发挥辩护实质作用供给制度空间，使得"自然意义上的辩护"演化为"法律意义上的辩护"。[2]

三、"以审判为中心"之认识误区及理论澄清

我国刑事诉讼制度是以诉讼阶段论为基础加以建构的，公、检、法三机关在侦查、审查起诉和审判三阶段却呈现出相互错位甚至各自缺位的异化样态，形成"以侦查为中心"的实践困境。自此，学界开始对"以审判为中心"或"审判中心主义"[3]进行探索，将"审判中心"与"侦查中心"作为理论范式，对我国刑事司法之症结

---

[1] 参见卞建林：《刑事诉讼中"诉"之辨析》，载《人民检察》2007年第8期。

[2] 关于"自然意义上的辩护"与"法律意义上的辩护"之关系，可参见陈瑞华：《刑事诉讼的前沿问题》，中国人民大学出版社2016年版，第615页。

[3] 不同学者在表述上有所差异，相继出现过"以审判为中心"，"审判中心主义"，甚至内涵及外延更广的"以司法裁判为中心"等提法。

加以研判,指出我国刑事诉讼制度的改革方向当从实然之"侦查中心"向应然之"审判中心"转变,但对于何谓"以审判为中心",却是莫衷一是。

《决定》发布之后,不少学者在过往研究的基础上,对"以审判为中心"进行了更具深度和广度的解读,对其概念也有了更为扎实的理论认知,丰富了"以审判为中心"的内涵与外延。然而,**在理论认识和司法实践中也产生了不同程度的误读,有的甚至违背刑事司法规律**,其中包括但不限于"以审判为中心是法院的胜利","以审判为中心的改革不涉及体制","以审判为中心就是统一证明标准","以审判为中心等同于以庭审为中心",等等。结合前文之"以审判为中心"的本土化理论体系,进一步研读代表顶层设计的《决定》,并借助其中对于"推进以审判为中心的诉讼制度改革"的三层表述,可以对作为刑事司法规律的"以审判为中心"进行理论澄清:

第一,"**确保侦查、审查起诉的案件事实证据经得起法律的检验**"。侦查作为刑事诉讼进程之开端,决定着案件之基础可靠与否,一旦出现偏差,即会导致"起点错、跟着错、错到底"。习近平总书记指出:"全会决定提出推进以审判为中心的诉讼制度改革,目的是促使办案人员树立办案必须经得起法律检验的理念……这项改革有利于促使办案人员增强责任意识,通过法庭审判的程序公正实现案件裁判的实体公正，有效防范冤假错案产生。"①可见，《决定》中的这层表述更多是从树立正确理念、强化责任意识出发，并不意味着部分观点所认为的"'以审判为中心'的核心是统一刑事诉讼的证明标准"②。

首先，统一标准并不符合刑事司法规律，诉讼是一个递进的过程，对于事实的认知也应当循序渐进，而不是自侦查始即一成不变。从世界各国司法实践来看，均不同程度地将各诉讼阶段之标准作出区分，美国的证据法则和证据理论便是典型，其证明程度共分为九等：第一等是绝对确定；第二等即排除合理怀疑；第三等是清楚和有说服力的证据；第四等是优势证据；第五等是可能的原因；第六等是有理由的相信；第七等是有理由的怀疑；第八等是怀疑；第九等是无线索。其中，达到第

---

① 《习近平关于〈中共中央关于全面推进依法治国若干重大问题的决定〉的说明》，载《人民日报》2014年10月29日，第2版。

② 这一观点被不少学者以及司法实务部门视为"以审判为中心"的题中要义。如甄贞认为，"以审判为中心"要求刑事证明标准统一到定罪量刑的要求上来。参见甄贞：《如何理解推进以审判为中心的诉讼制度改革》，载《人民检察》2014年第22期。陈学权认为，推进以审判为中心的诉讼制度改革，要求侦查终结、提起公诉采用与审判定罪相同的证据标准。参见陈学权：《论侦查终结、提起公诉与审判定罪证据标准的同一——以审判中心主义为视角》，载《苏州大学学报（哲学社会科学版）》2017年第2期。持有此种观点者还可参见王守安：《以审判为中心的诉讼制度改革带来深刻影响》，载《检察日报》2014年11月10日，第3版；陈光中、步洋洋：《审判中心与相关诉讼制度改革初探》，载《政法论坛》2015年第2期。

八等证明程度即可开始侦查,达到第五等证明程度可以签发令状、提起大陪审团起诉书和检察官起诉书等,而刑事案件作出定罪裁判则需达到排除合理怀疑。[①]

其次,我国《刑事诉讼法》关于公安机关侦查终结移送起诉、人民检察院提起公诉、人民法院作出有罪判决的规定中,原本就要求达到犯罪事实清楚,证据确实、充分。这一极高的标准,本意是为了追求证据的真实性,但实践中难以操作,并且因为没有体现出"递进性",反而异化为"流水作业"。显然,"以审判为中心"的刑事诉讼制度改革并非重复过往的实践样态。

最后,统一标准可能带来一系列负面影响,例如不批捕、不起诉可能意味着侦查、审查起诉未能达到审判之标准,加之办案责任制改革,其结果很可能是因为某一诉讼阶段未达到统一之标准,办案人员受到追责。这无疑会打压办案积极性,也违背了程序设置、管理机制的初衷。

第二,"全面贯彻证据裁判规则,严格依法收集、固定、保存、审查、运用证据"。"以审判为中心"与证据裁判主义,二者相辅相成,不可分割,证据裁判主义也正是审判程序以一审为中心、一审程序以庭审为中心的集中呈现,要求裁判所依据的必须是具有证据能力且经

[①] 参见《美国联邦刑事诉讼规则和证据规则》,卞建林译,中国政法大学出版社1996年版,第22页。

过法庭调查的证据。证据裁判主义的彰显有赖于实质的法庭审理,而法庭审理若是无法通过法庭调查检验证据并评价证明力,其实质性即存在疑问。可见,庭审应当以举证质证为中心,以实质化的庭审贯彻证据裁判主义的同时,通过证据裁判主义检验庭审效果。证据裁判主义之于证据制度具有支配性地位,并借此搭建起实体法与程序法沟通的桥梁。有证据方得认定被告人的犯罪事实,在确认足以推定其犯罪事实的证据之前,被告人受无罪之推定,因而,证据裁判主义亦是无罪推定原则的题中要义。[①]1996年的《刑事诉讼法》即已体现证据裁判主义之端倪;[②]2010年发布的《关于办理死刑案件审查判断证据若干问题的规定》第2条"认定案件事实,必须以证据为根据"首次正式确立了证据裁判主义;2012年《刑事诉讼法》修改更是细化证明标准,引入了"排除合理怀疑"的表述,[③]进一步吸收证据裁判主义之精义。尽管从证据裁判主义确立的过程来看,正是案件事实认定过程失控所导致的错案,倒逼我国刑事司法的基本格局

---

① 参见林钰雄:《刑事诉讼法(上册)总论编》,台湾元照出版有限公司2006年版,第410页。

② 参见1996年《刑事诉讼法》第46条、第162条。

③ 参见2012年《刑事诉讼法》第53条第2款:"证据确实、充分,应当符合以下条件:(一)定罪量刑的事实都有证据证明;(二)据以定案的证据均经法定程序查证属实;(三)综合全案证据,对所认定事实已排除合理怀疑。"

开始由传统的"以侦查为中心"向"以审判为中心"转型。[①]但我国刑事司法实践中存在的有罪推定与口供中心主义的痼疾、先供后证与证据转化的手段，加之忽视有利于犯罪嫌疑人、被告人的无罪证据，无形中将证据裁判主义留于纸面，有待"以审判为中心"的诉讼制度改革带动证据裁判主义之落实。

第三，"完善证人、鉴定人出庭制度，保证庭审在查明事实、认定证据、保护诉权、公正裁判中发挥决定性作用"。这一层表述实际上是强调"以庭审为中心"或"庭审实质化"在"以审判为中心"中的应然地位。习近平总书记指出："充分发挥审判特别是庭审的作用，是确保案件处理质量和司法公正的重要环节……在司法实践中，存在办案人员对法庭审判重视不够，常常出现一些关键证据没有收集或者没有依法收集，进入庭审的案件没有达到'案件事实清楚、证据确实充分'的法定要求，使审判无法顺利进行。"[②]

但现有的理论研究中，部分学者混淆了"以审判为中心"与"以庭审为中心"的概念。例如，有观点认为："以审判为中心，应理解为以审判活动为中心，而不是

---

① 参见吴洪淇：《审判中心主义背景下的证据裁判原则反思》，载《理论视野》2015年第4期。

② 《习近平关于〈中共中央关于全面推进依法治国若干重大问题的决定〉的说明》，载《人民日报》2014年10月29日，第2版。

以审判权、法官或者以审判阶段为中心，审判活动是一个多方参与的有机整体，有其特定的性质、内容和形式要求，如果强调'审判权或法官'中心论，则会片面理解审判活动，忽略控辩双方的参与和权利，甚至会淡化'庭审中心'的要求，有悖审判中心主义的主旨；如果强调'审判阶段'中心论，则会限缩审判中心主义的适用范围，将审前程序中关涉被追诉人基本权利的一系列强制性措施排除在司法审查之外，不利对侦查权的限制、打破'侦查垄断'的强势格局。"[1]但实际上，"以审判为中心"对应的是侦查程序、审查起诉程序与审判程序的关系，而"以庭审为中心"关注的是庭审与庭外的关系，强调"让审理者裁判，让裁判者负责"。二者并不矛盾，但也不能等同。刑事审判区分为一审、二审和再审，按照《决定》所确定的改革方向："一审重在解决事实认定和法律适用，二审重在解决事实法律争议、实现二审终审，再审重在解决依法纠错、维护裁判权威。"其中，一审作为决定被告人是否有罪和是否科以刑罚的实质阶段，应当被视作主要程序，即审判程序的中心，而庭审活动又是一审程序之中心，因而，"以庭审为中心"是"以审判为中心"的要求之一。"以审判为中心"不仅仅是以审判活动或庭审为中心，审判程序的中心地位和指引作用，

---

[1] 闵春雷：《以审判为中心：内涵解读及实现路径》，载《法律科学》2015年第3期。

恰恰可能提升对审前程序中关涉被追诉人基本权利的一系列强制性措施的审查力度和标准,从而扭转"以侦查为中心"的实践样态。正如有学者指出的那样:如果"以审判为中心"的含义仅限于庭审实质化的内涵,实际上就成了没有任何新意的口号,学界之所谓"审判中心主义"的内涵比这要丰富得多,对于刑事司法变革的价值和意义也要大得多。[①]其实二者相辅相成,"以审判为中心"是对"以侦查为中心"的否定,有助于我们建立庭审中心主义;而庭审中心主义则通过符合刑事司法规律的制度建构、程序设计避免侦查中心主义,又有助于确保"以审判为中心"。

四、小结

关于"以审判为中心",无论是基于域外经验的理论溯源,还是回归中国语境的概念解读,抑或《决定》中的三层表述,并没有方向性的实质偏差,可见"以审判为中心"是总结现代刑事司法规律的产物。尽管改革的方向并不必然需要复杂、繁琐的概念体系加以指引,但至少应当厘清相关理论认识,避免"以审判为中心"的理论虚化,从而保障改革的正确方向和实施效果。对于

[①] 参见张建伟:《审判中心主义的实质内涵与实现途径》,载《中外法学》2015年第4期。

我国而言，在立足本国国情的基础上，也应当适度汲取域外之养分，进而全面认识这一现代法治国家刑事司法规律，以此作为刑事司法改革的基本方向。

推进"以审判为中心"的诉讼制度改革，是自上而下、从程序到体制的革命性变革。这一由顶层全面布局、司法机关实践探索、理论学者建言献策的重大改革显然不可能一蹴而就，必须在充分考虑现实条件和发展趋势的基础上，积极稳妥地有序推进。**就当前而言**，"以审判为中心"的刑事诉讼制度改革之首要任务是在程序设计上体现**递进性**，改变过往各诉讼阶段不分主次的状态：**其一，提高侦查质量**。一方面是侦查机关侦破案件能力上的提升，另一方面应当以定罪的要求和标准为目标，依法收集证据，确保"案件事实证据经得起法律的检验"。**其二，强化公诉对侦查的指导和监督**。侦查结论错误和侦查活动违法，往往造成难以纠正的严重后果，也是导致冤假错案的主要原因之一，因此必须加强对侦查活动的监督和侦查权力的制约。而侦查的直接目的是为起诉做准备，为了保证起诉的效果和质量，履行公诉职能的检察官对从事侦查活动的警察，在侦查取证方面予以指导，在法律事务方面予以咨询，具有正当性和必要性。**其三，探索审判程序对审前程序的规范和指引**。在我国，除逮捕需提请检察机关审查批准外，其他强制性侦查行为均可由公安机关自行决定，自己执行。此种权力配置，存在非理性因素，对侦查权力缺乏充分的制约能力和手段。司法职权的配置与运行、诉讼制度的设计与实现均围绕审判进行，以此统摄整个刑事诉讼程序，对审前阶段加以规范和指引。在此基础上，可以探索构建具有中国特色的司法审查与令状许可制度，对侦查权力加以规制。**其四，作为配套措施，对实务部门的绩效考核也应遵循"以审判为中心"的刑事司法规律，以厘清公、检、法三机关相互关系。**[①]逐步调整现有的刑事拘留数、批捕率、起诉率、有罪判决率、结案率等考核指标，使三机关在诉讼进程中敢于通过不批捕、不起诉和无罪判决体现刑事诉讼之递进性。

2016年，最高人民法院、最高人民检察院、公安部、国家安全部、司法部为贯彻落实《决定》的有关要求，推进以审判为中心的刑事诉讼制度改革，依据宪法和法律规定，结合司法工作实际，制定了《关于推进以审判为中心的刑事诉讼制度改革的意见》。而"以审判为中心"作为**未来长期的改革方向**，从司法实践、程序设计到体制变革，需要由表及里、循序渐进地触及我国刑事司法制度的根源性问题，并作出实质性改进。司法实践中，分工负责、互相配合、互相制约的刑事诉讼基本原则有时会异化为"只配合、不制约"。若要走出这一司法困境，仅仅贯彻"以审判为中心"的诉讼理念是远远不

---

① 参见张栋：《我国刑事诉讼中"以审判为中心"的基本理念》，载《法律科学》2016年第2期。

够的。还需要深入探索刑事司法职权配置与刑事诉讼程序设计的交互作用，并在司法体制上进行微调，从而使司法权力配置与运行趋于合理，在宏观的体制架构上为刑事诉讼制度改革夯实基础，使各机关之间的制约关系落到实处。当然，体制微调并非颠覆现有格局，而是在不违背《宪法》与《决定》精神的前提下，作出符合司法规律、适合司法实践的改革与调整。如果从近景、中景和远景的规划目标来看，司法体制改革应当处于中景甚至远景的布局。相对于程序设计，司法体制的变革难度更大，可谓牵一发而动全身，针对体制改革所可能遇到的阻碍与困难，需要综合地、长期地考量：首先，应当正确认识"以侦查为中心"所呈现出的司法体制之结构性缺陷；其次，应当以分工配合制约机制为突破口，深入探究司法体制弊病的具体成因；最后，应当借助"以审判为中心"的改革方向，从宏观体制结构与微观权力关系两方面，对健全刑事司法体制进行指引。

第七章

检察机关侦查权：
监督性及其体系化进路

2021年，最高人民检察院在全国检察机关开展了"百日攻坚"专项行动，着力查处司法工作人员利用职权实施的滥用职权、徇私舞弊等五类职务犯罪案件。[①]作为2018年《刑事诉讼法》修改的重点内容之一，检察机关侦查权的重新配置和有效运行，得到了理论界与实务界的集中关注。然而，与"监察制度与刑事诉讼制度的衔接""认罪认罚从宽制度"等刑事诉讼法学研究热点相比，有关检察机关侦查权的研究则稍显黯淡，虽然不乏真知灼见，但研究的深度与广度均有待加强。其中，相关研究的主要不足在于：首先，当前检察机关侦查权配置的制度规范体系尚未厘清；其次，检察机关保留部分侦查权的正当性和必要性尚存在理论争议；最后，检察机关侦查权运行的实践需求及发展方向尚未达成共识。为了回应上述不足，我们在多个省市的检察机关进行了深入调研，收集了一手的访谈材料、数据和地方检

[①] 参见徐日丹：《最高检部署开展司法工作人员职务犯罪侦查百日攻坚行动》，载《检察日报》2021年7月9日，第1版。

察机关规范性文件。①结合实证调研情况，本章将探索检察机关侦查权多元发展的基本方向，找寻以监督性为中心合理配置检察机关侦查权的体系化进路，并试图论证检察机关侦查权是中国特色社会主义检察制度的重要组成部分，其配置与运行的核心要素即在于法律监督职能。

一、检察机关侦查权的基本类型与争议澄清

2018年《刑事诉讼法》修改后对检察机关侦查权作出部分保留，但对于检察机关侦查权的狭义类型仍存在争议，主要原因在于没有正确区分"检察机关侦查权"以及"与检察机关侦查权相关的职权"。易言之，"侦查者"和"侦查监督者""侦查主导者"不能混淆，"侦查职能"与"法律监督职能""公诉职能"也需要厘清。就此而言，"自行侦查权""自行补充侦查权""机动侦查权"构成了重新配置后的检察机关侦查权，而"参与侦查权""退回补充侦查权""调查核实权"属于"易与检

---

① 2018年4月，笔者曾随调研团队一同前往陕西、四川的三级检察机关进行调研，其间共走访四座城市，对十余家检察院进行了实证研究；2020年11月至2021年2月，笔者继续在北京、上海、浙江部分检察机关进行了专题调研。通过两轮调研，笔者较为深入地了解了实务一线动态，本章中所涉及的访谈材料、数据和地方检察机关规范性文件均是上述两轮调研所收集的。

察机关侦查权混淆的职权",不应被纳入检察机关侦查权的狭义类型。

(一)检察机关侦查权的三种类型

其一,自行侦查权。随着国家监察体制改革,检察机关职务犯罪侦查权转隶,依照《监察法》第11条规定,监察委员会对涉嫌职务违法和职务犯罪进行调查。但原属检察机关立案侦查范围的部分罪名,却并不属于《监察法》规定的调查范围,[①]依然应当由检察机关立案侦查,即《刑事诉讼法》第19条第2款所规定的内容。该条文仅明确相关案件"可以"由人民检察院立案侦查,当案件涉及多个罪名时,也可以由监察机关与检察机关按照相关规定对管辖范围进行沟通,因此在管辖上并不冲突。[②]

其二,自行补充侦查权。有关检察机关自行补充侦查权的条文,在2018年《全国人民代表大会常务委员会关于修改〈中华人民共和国刑事诉讼法〉的决定》(以下简称《修改决定》)中并未涉及调整,因而检察机关仍有普通案件的自行补充侦查权。同时,《修改决定》还相应

---

① 参见中共中央纪律检查委员会法规室、中华人民共和国国家监察委员会法规室编写:《〈中华人民共和国监察法〉释义》,中国方正出版社2018年版,第92—93页。

② 参见卞建林:《检察机关侦查权的部分保留及其规范运行——以国家监察体制改革与〈刑事诉讼法〉修改为背景》,载《现代法学》2020年第2期。

扩大了检察机关自行补充侦查案件的类型，即对于监察机关移送的案件。在2019年修订的《人民检察院刑事诉讼规则》（以下简称《刑诉规则》）中，第344条明确了对于监察机关移送起诉的案件，检察机关可以自行补充侦查的情形。同时，人民检察院自行补充侦查的，可以商请监察机关提供协助。需要特别强调的是，《修改决定》和《刑诉规则》虽然仍注重"调查"和"侦查"的区分，但监察机关"补充调查"仍应在检察机关的引导下进行，而"调查活动"应当接受检察机关的"调查监督"。当然，"调查监督"与"侦查监督"不同，检察机关不能提前介入。对于职务犯罪案件的办理而言，审查起诉阶段即刑事诉讼的第一道关口，检察机关应当严守证据标准、充分发挥审前过滤职能，以此实现对监察机关的监督和制约。①

其三，机动侦查权。《修改决定》将检察机关机动侦查权进一步限定于"对于公安机关管辖的国家机关工作人员利用职权实施的重大犯罪案件"，且"需要由人民检察院直接受理的时候"，仍保留了这一侦查权。当然，有学者质疑，《监察法》实施后，是否还有此类案件，倘

---

① 参见谢澍：《刑事诉讼构造之理论传承与知识延拓——以认知科学为视角》，载《政治与法律》2022年第2期，第140页。

若没有，这一规定即无实质意义。[1]其实，在全国人大常委会法工委的权威解读中曾列举国家机关工作人员利用职权实施的走私案件，[2]即使在《监察法》实施后，此类案件也并不必然属于监察机关调查的范围，需要针对具体案件事实加以区分。倘若以走私罪定性，则不属于监察机关调查范围，因而保留机动侦查权仍有必要；倘若以职务犯罪定性，而只是同时存在走私行为，则属于监察机关调查范围，此时检察机关不得启动机动侦查权。

（二）易与检察机关侦查权混淆的职权

在前文所述之检察机关侦查权的三种类型以外，还值得探讨的是，"参与侦查权"和"退回补充侦查权"是否属于检察机关侦查权的狭义类型。例如，有论者将"参与侦查权"也视为检察机关侦查权的狭义类型，并认为保证侦查活动的合法性以及了解证据材料、为提起公诉做准备是参与侦查的两大目的。[3]但笔者认为，上述观

---

[1] 参见《中国政法大学〈刑事诉讼法（修正草案）〉研讨会顺利举行》，载中国诉讼法律网：http://www.procedurallaw.cn/zh/node/6029，最后访问日期：2022年5月10日。

[2] 参见郎胜主编：《中华人民共和国刑事诉讼法释义》，法律出版社2012年版，第33页。

[3] 参见张智辉：《检察侦查权的回顾、反思与重构》，载《国家检察官学院学报》2018年第3期。

点中"目的"之一,是一般侦查监督意义上的,检察机关对所有案件的侦查活动之合法性都应履行法律监督职能;而"目的"之二,才是狭义的参与侦查或介入侦查意义上的,仅有社会影响较大或证据材料存在疑问的大案、要案、疑案、难案需要检察机关提前介入,[①]并且,参与侦查或介入侦查并非直接履行侦查职能,更多是在履行侦查监督职能的同时,将公诉职能向侦查阶段的延伸,这种介入仅仅是引导性的,由检察机关引导侦查机关[②]按照公诉的要求收集、提取、保存证据。[③] 易言之,无论"目的之一"抑或"目的之二",均体现出侦查监督

[①] 同时,也有部分地区根据现实需要,对某一类案件着重展开参与侦查或介入侦查,例如上海市的金融犯罪案件。参见林喜芬、肖凯等:《金融检察与金融刑法:程序与实体的双重维度》,上海三联书店2017年版,第42页以下。

[②] 例如,《最高人民检察院关于加强出庭公诉工作的意见》强调"积极介入侦查引导取证"。

[③] 我们在调研中发现,"捕诉合一"改革之前,有地方试行侦监、公诉员额检察官共同介入,目的是在服务公诉的同时,降低逮捕瑕疵率,提升复杂案件办理质量,保障诉讼顺利、有序进行。例如,S省G市L区《检察机关提前介入重大刑事案件侦查活动规定》明确,"提前介入侦查活动,在提请逮捕前,由侦查监督部门负责,在批准逮捕后由公诉部门负责。必要时侦查监督部门、公诉部门联合介入"。X省H市《检察机关提前介入刑事案件侦查工作规定》强调,"本规定所称提前介入,是指检察机关侦查监督、公诉部门根据案件需要派员参与公安机关刑事案件侦查活动,主要任务是规范和引导侦查取证工作,研究法律适用问题,对侦查取证提出意见和建议,加强对侦查活动的监督"。

职能，只是"目的之二"同时体现出公诉职能向侦查阶段的延伸。其实"侦查"与"侦查监督"之区分恰恰是新中国成立后检察制度的重大成就，由1954年第一届全国人民代表大会第一次会议通过的《人民检察院组织法》第4条第2项、第3项所确立。[①]因此，所谓"参与侦查权"并不属于检察机关侦查权的狭义类型。此时检察机关之角色为侦查监督者和侦查主导者，但不能等同于侦查者，侦查职能与法律监督职能、公诉职能亦不得混同。

同理，"自行补充侦查权"应当纳入检察机关侦查权的制度规范体系，但"退回补充侦查权"并非检察机关侦查权的狭义类型，理由与"参与侦查权"的归属类似。退回补充侦查既可以是在审查批捕阶段，也可以是在审查起诉阶段，尽管当前"捕诉合一"改革已经完成，但检察机关在审查批捕和审查起诉阶段的具体职能仍然是不同的，前者是履行侦查监督职能，后者是履行公诉职

---

① 1954年《人民检察院组织法》第4条第2项"对于刑事案件进行侦查，提起公诉，支持公诉"，第3项"对于侦查机关的侦查活动是否合法，实行监督"。在此之前，1951年9月中央人民政府委员会第十二次会议通过的《中央人民政府最高人民检察署暂行组织条例》和《各级地方人民检察署组织通则》中，将检察机关对刑事案件的侦查权规定为，"对反革命及其他刑事案件，实行检察，提起公诉"。这表明当时还未将检察机关的侦查与侦查监督加以区分，所谓"实行检察"，既包括检察机关的侦查工作，也包括对公安机关侦查的案件的审查、监督工作。参见李士英主编：《当代中国的检察制度》，中国社会科学出版社1987年版，第450—451页。

能。是故，退回补充侦查可能是履行侦查监督职能，也可能是公诉职能的延伸，但并非侦查职能。2020年3月，最高人民检察院、公安部印发了《关于加强和规范补充侦查工作的指导意见》（以下简称《补充侦查意见》），研读其中规定可知，退回补充侦查或提出捕后侦查意见均是对侦查工作的引导，系侦查监督职能和公诉职能的延伸，而非直接侦查。因而，"退回补充侦查权"并不属于"检察机关侦查权"的狭义类型。

此外，易与检察机关侦查权混淆的，还有检察机关的"调查核实权"。《人民检察院组织法》第21条第1款对检察机关调查核实权作出了明确授权，但并未列举其具体权能和内容。虽然部分司法解释和规范性文件中对于检察机关调查核实权的具体内容进行了规定，但大多为列举加兜底性条款的规范模式，这也意味着对于这一权力的具体内容存在争议。但可以明确的是，调查核实不得采取限制人身自由和查封、扣押、冻结财产等强制性措施。[①]这说明调查核实权有别于侦查权，不仅没有行使强制性措施的立法授权，也没有保证查明案件事实真相和诉讼活动顺利进行的制度目的，其初衷是服务于法律监督职能的，系为检察机关有效提出抗诉、纠正意见、检察建议而设置此项职权。

---

① 参见万毅、孙军：《检察机关调查核实权之权能分析》，载《人民检察》2020年第18期。

（三）检察机关保留部分侦查权的理论争议及澄清

对于检察机关保留部分侦查权的正当性和必要性始终存在理论争议。甚至有学者认为，检察机关大部分职务犯罪侦查权转隶国家监察委员会后，依然保留自行侦查权，既不合理，也无必要，应当将其继续转隶到国家监察委员会。[①]而我们在走访调研检察机关的过程中，也有实务人员对检察机关保留部分侦查权表示疑惑，尤其是担忧职务犯罪侦查部门转隶后，检察机关缺乏足够的侦查力量来行使侦查权。少有学者或实务人员认识到，检察机关保留部分侦查权是在侦查权与控诉权的分工问题上，基于现实需要所作出的权衡；更鲜有从巩固检察机关法律监督之宪法地位的层面思考检察机关保留部分侦查权的正当性和必要性。

现代检察官制度滥觞于法国大革命时期，作为"革命之子"和"启蒙的遗产"，其创设的主要目的，是废除纠问制度，确立诉讼上的权力分立原则，打破中古时期法官一手包办侦查与审判的旧制；并通过经受严格法律训练及法律约束的检察官，客观公正地控制警察活动的合法性，摆脱警察国家的阴霾；进而守护法律，使客观

---

① 参见高一飞：《司法职务犯罪侦查权也应当转隶监委》，载《河南财经政法大学学报》2020年第1期。

公正贯穿刑事程序始终，追诉犯罪的同时保障人权。[1] 就此而言，检察官是侦查程序的主人，刑事警察仅为辅助。与诉审关系不同的是，诉侦关系并非实现权力上的"分立"，而是权力上的"分工"。正因为侦查权和控诉权的配置基于分工而非分权，侦诉关系在世界各国存在多种模式，具有灵活性，既有一体亦有分离，这取决于一国司法之传统及现状，其最终目的是服务于法律的严格执行和统一正确适用，并兼顾人权保障。行政权扩张、侦查权失控是世界各国正在面临和着手预防的普遍问题，因而需要强化检察机关的监督制约和司法审查能力，其中检察机关自身保留必要的侦查能力和手段即有效制约侦查权的途径之一。[2]

当前，检察机关保留部分侦查权，便是在侦查权与控诉权的分工问题上，基于现实需要所作出的权衡，有必要结合当下语境——尤其是以审判为中心的刑事诉讼制度改革[3]——加以准确理解。"以审判为中心"应当推

---

[1] 参见林钰雄：《检察官论》，法律出版社2008年版，第11页以下。

[2] 关于英美及欧陆检警关系的异同之处及其改革趋势，可参见［美］艾瑞克·卢拉、［英］玛丽安·L.韦德主编：《跨国视角下的检察官》，杨先德译，法律出版社2016年版，第42—70页。

[3] 党的十八届四中全会以来，检察机关探索和试点的一系列改革，本质上均是有利于推进"以审判为中心"的刑事检察制度的。参见卞建林、谢澍：《刑事检察制度改革实证研究》，载《中国刑事法杂志》2018年第6期。

动形成"正向递进"和"反向指引"两种诉讼关系。所谓"正向递进",意味着从侦(调)查到审查起诉再到审判,在认识上由浅入深;所谓"反向指引",意味着通过审判程序对审前程序进行指引和制约。[①]审查起诉阶段与侦(调)查阶段均为审前之程序,而在审前程序内部,审查起诉是侦(调)查之进阶,侦(调)查权受制于公诉权;侦(调)查是审查起诉之准备,侦(调)查权服务于公诉权。具体而言,侦查实际是为"诉之启动提供事实基础",侦查程序得出的侦查结论要能够有效地连接公诉,为公诉提供良好的证据和事实准备,以提高公诉的质量和效果。否则,倘若侦查程序之运行不顾及后续的起诉阶段,不着眼于公诉的角度进行证据的收集和事实的查明工作,将会给其后的公诉活动造成障碍,甚至会导致侦查程序自身的工作归于无效。[②]

是故,侦(调)查应当是公诉职能延伸与拓展的主要方向,并且继续有效履行侦查监督职能,进而引导、监督和制约侦(调)查权运行。既然"审前程序"中诉侦(调)双方目标一致、标准统一,那么在必要的时候,作为"进阶"的检察机关理应有权代替"初阶"之公安

[①] 参见谢澍:《论刑事证明标准之实质递进性——"以审判为中心"语境下的分析》,载《法商研究》2017年第3期。
[②] 参见林钰雄:《刑事程序与国际人权(二)》,台湾元照出版有限公司2012年版,第369页以下。

机关或监察机关行使侦（调）查权。质言之，检察机关既是侦（调）查的主导者，必要时也是侦查者，而公安机关、监察机关应当予以充分配合、提供必要协助。由此观之，检察机关保留部分侦查权并非国家监察体制改革不彻底而遗留下的"权力配置死角"，反而是实现监、检有效衔接和全面覆盖的理性选择，借助检察机关侦查权的部分保留，检察机关得以与监察机关、公安机关一同构筑法网，确保在充分配合、相互协作的基础上实现权力制约。

二、检察机关侦查权的多元发展方向及其重点

自行侦查权、自行补充侦查权以及机动侦查权，其行使之目的均是在诉讼活动中维护国家法制的统一和法律的正确实施。部分保留检察机关的自行侦查权、自行补充侦查权、机动侦查权，除了因为这三类检察机关侦查权均具有法律监督性质之外，还有各自之特殊理由与目的：首先，关于自行侦查权。部分侵犯公民权利、损害司法公正的犯罪并不属于《监察法》规定的调查范围，倘若对此不保留部分检察机关的侦查权，则可能形成制度真空，导致此类案件逸脱法律监督。加之检察机关在对诉讼活动实行法律监督过程中更容易发现此类犯罪，因而在职务犯罪侦查权转隶后仍需要对检察机关自行侦查权作出部分保留。其次，关于自行补充侦查权。为了

确保案件事实清楚、证据确实充分，在原有的侦（调）查基础上，针对不足或薄弱部分进行补充侦（调）查，既有利于发现真实，也有利于保障人权。倘若侦（调）查机关不宜进行补充侦（调）查或补充侦（调）查效果不佳，检察机关作为法律监督机关理应自行补充侦（调）查，因而这一类检察机关侦查权得以保留，并且其适用范围增加了监察机关移送的案件。最后，关于机动侦查权。立案监督是法律监督的重要组成部分，对于侦查机关不宜立案侦查或不愿立案侦查的案件，检察机关应当进行立案监督，避免犯罪行为逃避法律规制。为了确保在侦查机关渎职的情形下，依然能够有效维护法律正确实施、履行检察机关立案监督职能，需要保留机动侦查权。鉴于此，未来检察机关侦查权的发展进程中，需要有针对性地考量不同类型检察机关侦查权的配置与运行特点，在多元发展方向中把握各自重点。

（一）"自行侦查权"强调资源共享与协作配合

为响应国家监察体制改革，2017年北京、山西、浙江检察机关先行试点，取得重要经验，其他非试点省区市检察机关同年立案侦查职务犯罪46032人，仍保持同比上升4.7%。[①]但随着《宪法修正案》和《监察法》相继通

[①] 参见《2018最高检工作报告全文（文字实录）》，载最高人民检察院官网：https://www.spp.gov.cn/spp/tt/201803/t20180309_369886.shtml，最后访问日期：2024年1月2日。

过以及《刑事诉讼法》修改，2018年全国共有20个省区市检察机关立案"自行侦查"71人；[①]2019年全国检察机关共立案"自行侦查"871人。[②]可见，国家监察体制改革后，检察机关"自行侦查权"所涉及的案件数量大幅减少。

"钱某涉嫌虐待被监管人案"[③]是2018年《刑事诉讼法》修改后较早出现的检察机关自行侦查案例，具有一定代表性，其犯罪线索由检察机关派驻监狱检察室发现。

[①] 参见《2019年最高人民检察院工作报告（文字实录）》，载最高人民检察院官网：https://www.spp.gov.cn/tt/201903/t20190312_411422.shtml，最后访问日期：2024年1月2日。

[②] 参见《最高人民检察院工作报告——2020年5月25日在第十三届全国人民代表大会第三次会议上》，载最高人民检察院官网：https://www.spp.gov.cn/spp/gzbg/202006/t20200601_463798.shtml，最后访问日期：2024年1月2日。

[③] 2018年11月26日，浙江省湖州市检察院依据修改后《刑事诉讼法》的规定，对湖州监狱民警钱某涉嫌虐待被监管人一案立案侦查。该案是2018年10月《刑事诉讼法》修改后浙江省检察机关立案查处的第一起司法工作人员涉嫌侵犯公民权利、损害司法公正的职务犯罪案件。湖州市检察院派驻湖州监狱检察室发现监狱民警钱某有殴打服刑人员的行为，经进一步了解，发现钱某可能涉嫌虐待被监管人罪。经前期调查，并对相关证据予以收集固定后，该院以涉嫌虐待被监管人罪对钱某立案侦查。初步查明犯罪嫌疑人钱某在执行职务过程中，多次以电警棍电击以及手铐锁拷、扇耳光等方式对多名服刑人员实施体罚虐待行为，造成了极坏影响。参见范跃红：《浙江：立案侦查一监狱民警涉嫌虐待被监管人罪案》，载《检察日报》2018年11月29日，第1版。

虽然检察机关自行侦查案件数量大幅降低，但在两年多的实践运行中，业已发现不少问题：首先，相关职务犯罪较为隐蔽，犯罪主体的反侦查能力较强，犯罪线索来源较为稀缺；其次，监察机关与检察机关在管辖问题上存在竞合时如何处理存在争议，互涉案件的衔接机制尚不健全；最后，检察机关职务犯罪侦查人员和装备大部分已转隶或移交，现存的侦查力量较为薄弱。[①]

为解决上述实践问题，检察机关"自行侦查权"的发展方向和重点应当是资源共享与协作配合：其一，是在犯罪线索来源上的资源共享与协作配合。在"四大检察""十大业务"办理过程中都可能发现司法工作人员的职务犯罪线索，尤其是刑事检察以外的业务部门也应当留意犯罪线索，在对诉讼活动实行法律监督的过程中形成发现犯罪线索的意识和理念，建立健全线索及时发现、及时移送的工作衔接机制。其二，正确对待"监察优先原则"，实现监察机关与检察机关的资源共享与协作配合。《监察法》第34条确立了"监察优先原则"，即涉案线索优先移送监察机关，管辖竞合时监察机关主导调查。但实践中，部分案件可能与监察机关承担的反腐败职能不符，并且一味地强调"监察优先"可能淡化检察机关对诉讼活动实行法律监督的职能优势，反而不利于案件

---

① 参见李粤贵等：《检察机关侦查司法工作人员相关职务犯罪形势与对策》，载《人民检察》2020年第8期。

的及时、有效办理,①因此已有地方建立了案件管辖的前置协商机制。②其三,实现侦查力量的资源共享与协作配合。在现有侦查力量无法短时间内提升的局面下,应当充分发挥检察机关上下级领导关系的优势,根据现实情况由市级检察机关立案侦查或由市级检察机关交基层检察院立案侦查,以刑事执行检察部门人员为主,并抽调其他部门人员共同参与。③

(二)"自行补充侦查权"强调"补充"的必要性和有效性

过去,"退回补充侦查"和"自行补充侦查"存在两极分化的现象,一方面,"退回补充侦查"存在滥用趋势,甚至异化为延长侦查时间、缓解办案压力的手段;另一方面,"自行补充侦查"适用率较低,检察机关基于自身侦查力量、办案压力和潜在风险的考量,并不乐于自行侦查。2020年,检察机关发布了以"案-件比"为核心的案件质量评价指标,同年退回补充侦查同比下降42.6%;而自行补充侦查4.8万件,是2019年的23.5倍;各级监委移

---

① 参见卞建林:《检察机关侦查权的部分保留及其规范运行——以国家监察体制改革与〈刑事诉讼法〉修改为背景》,载《现代法学》2020年第2期。

② 参见李粤贵等:《检察机关侦查司法工作人员相关职务犯罪形势与对策》,载《人民检察》2020年第8期。

③ 参见吴建雄、马少猛:《司法人员职务犯罪侦查制度的基本理论与机制构建》,载《中国刑事法杂志》2020年第5期。

送的职务犯罪案件退回补充调查4013人次，退查率同比减少12.4个百分点。①由此观之，"退回补充侦查"和"自行补充侦查"两极分化的现象逐渐改观，但目前自行补充侦查案件量提升主要集中在醉驾、盗窃等轻罪案件，对于重大疑难复杂案件的自行补充侦查仍有待精准加强，需要着重强调"补充"的必要性和有效性。

"董某刚正当防卫案"②即自行补充侦查之必要性与有

---

① 参见《最高人民检察院工作报告——2021年3月8日在第十三届全国人民代表大会第四次会议上》载人民网：http://lianghui.people.com.cn/2021npc/GB/n1/2021/0315/c435267-32051852.html，最后访问日期：2024年1月2日。

② 2018年8月4日，邢台市公安局审查后以董某刚涉嫌故意杀人罪向邢台市人民检察院移送审查起诉。邢台市人民检察院审查后认为本案部分事实不清，证据不足，决定退回补充侦查。经过两次补充侦查，公安机关仍然认为董某刚的行为属于防卫过当，以故意杀人罪于2019年1月3日再次移送邢台市人民检察院。检察机关认为公安机关两次补充侦查仍不能达到证据确实充分，决定及时自行补充侦查。该院先后派员赴案发地复勘现场，并到董某刚和刁某某所在村调取新的证人证言、走访村民、复核相关证据。经过补充证据，表明被害人刁某某与董某刚的妻子长期存在不正当男女关系，刁某某长期羞辱董某刚，多次到董某刚家中居住。对刁某某的社会调查表明，其有犯罪前科，村民视其为村霸。对董某刚的社会调查表明，其为人老实忠厚，家境困难，与人为善，在当地口碑甚好，很多村民希望司法机关对董某刚宽大处理。从案发前刁某某一系列的非法行为及其社会表现、董某刚的社会表现，表明董某刚非常惧怕刁某某，印证了董某刚在案发当晚的主观心理十分恐惧，害怕自己和家人遭到刁某某报复，不能反抗、不敢反抗、委曲求全，也印证了刁某某盛气凌人、凶残无比，由此证明了案件发生时正当防卫的紧迫性和实施防卫的强度适当，从而为准确判定案件性质奠定了基础。参见《正当防卫！不起诉！河北检察机关通报对一正当防卫案不起诉决定有关情况》，"最高人民检察院"微信公众号，2019年6月17日。

效性的呈现，邢台市人民检察院在公安机关两次补充侦查仍不能达到证据确实充分的情况下，决定行使自行补充侦查权，最终认定董某刚的行为属于正当防卫，决定对董某刚作不起诉处理。其中，检察机关自行补充侦查的重点在于对董某刚的社会调查和案发当晚的主观心理，以及案发前刁某某一系列的非法行为及其社会表现。这对于正当防卫的认定而言显然具有必要性，同时从最后的效果来看也足以称之为有效。[1]

《补充侦查意见》第3条规定，开展补充侦查工作应当遵循必要性原则、可行性原则、说理性原则、配合性原则以及有效性原则。其中，之所以尤其强调必要性与有效性，是因为这是补充侦查的"起点"和"终点"。明确"必要性"，就意味着明确补充侦查的重点，其之所以必要，就在于现有事实和证据需要"补充"；一旦明确"必要性"，"有效性"才有了基本前提，否则一方面无法明确有效补充侦查的方向，另一方面也缺乏评价补充侦查是否有效的标准。实际上，检察机关自行补充侦查并不像公安机关侦查或监察机关调查那般需要面面俱到，更多是关注言词证据的收集和审查，因此在侦查力量和装备上的缺口并没有想象中那样巨大。需要注意的是，过往补充侦查更多关注事实上的缺陷和证据上的不足，

---

[1] 参见谢澍：《正当防卫的证明难题及其破解——激活正当防卫制度适用的程序向度》，载《政治与法律》2020年第2期。

偏向追求实体层面的真实,但补充侦查同样具备程序公正和人权保障层面的意义,能有效坚持疑罪从无、杜绝刑讯逼供、保障被追诉人的各项合法权益不受损害。[1]特别是检察机关自行补充侦查,因为更换了侦查主体,更利于甄别公安机关侦查或监察机关调查中是否存在有违程序正义的行为。因此,检察机关自行补充侦查,不仅要强调实体导向的必要性和有效性,还要落实程序意义上的必要性和有效性。

（三）"机动侦查权"强调权力运作的机动性与灵活性

过往,检察机关机动侦查权的适用率很低。一方面,与这一权力的性质有关,机动侦查权本就不是常态性的侦查机制,附有严格的启动条件;另一方面,与理论界、实务界对其的认识局限相关,并未将其真正视为实现侦查职能优势互补、增强侦查工作合力的重要职权。2018年《刑事诉讼法》修改之后,机动侦查权作为检察机关法律监督职能的重要一环,其监督潜力和价值,以及对"四大检察"之权威性与刚性的内生支撑作用开始受到关注。尤其是在检察机关依法办理"扫黑除恶""破网打伞"的案件过程中,机动侦查权逐渐被激活并加以有效

---

[1] 参见卞建林、李艳玲:《论我国补充侦查制度的发展与完善》,载《法治现代化研究》2021年第1期。

适用。①

"袁某某充当黑社会性质组织保护伞案"②即在扫黑除恶过程中，发现公安机关管辖的国家机关工作人员利用职权实施的重大犯罪案件。检察机关机动侦查权本就强调机动性与灵活性，因此在其权力运行过程中，也应当紧扣这两个关键词。所谓"重大犯罪"，既有较为硬性的规范，即罪名和罪行两个层面的"重大"；亦有较为灵活的考量，因为对于不同地区而言，"重大"可能是相对的，需要根据具体案情、社会影响甚至当地的治理状况综合考量。因此，检察机关机动侦查权在适用量上不必设置指标，部分地区可能因为"扫黑除恶""破网打伞"等政策性因素而适用量相对较高，部分地区甚至没有适用的案例，均是可接受的，不能摒弃机动性和灵活性而

---

① 参见王祺国：《"机动侦查权"具有重大监督潜力价值》，载《检察日报》2021年4月30日，第3版。

② 2019年7月12日，绍兴市人民检察院依法对诸暨市公安局协警袁某某涉嫌非法拘禁罪立案侦查，同日交由诸暨市人民检察院侦查。后查明：刘某有组织地通过实施高利贷、设置套路诈骗、聚众赌博、寻衅滋事、非法拘禁等违法犯罪活动，并将非法利益用于维持组织的日常开支，逐步形成了一个人员稳定、层级分明的黑社会性质组织。袁某某明知刘某等人有组织地从事违法犯罪活动，利用自身担任诸暨市公安局城东派出所协警的身份和职务便利，帮助刘某实施犯罪行为、查询他人信息、打听案情等，充当黑社会性质组织的保护伞。详见诸检刑诉（2019）1057号，参见范跃红：《浙江：立案侦查一监狱民警涉嫌虐待被监管人罪案》，载《检察日报》2018年11月29日，第1版。

刻意僵化地适用机动侦查权。但应当警惕的是，虽然在适用量上无需设置硬性指标，但公安机关也不得通过提级管辖或者指定管辖的方式排除检察机关机动侦查权的介入，否则法律监督的效果将大打折扣。①

三、完善检察机关侦查权的法律监督体系

2021年出台的《中共中央关于加强新时代检察机关法律监督工作的意见》进一步强调，"人民检察院是国家的法律监督机关，是保障国家法律统一正确实施的司法机关，是保护国家利益和社会公共利益的重要力量，是国家监督体系的重要组成部分"。与《刑事诉讼法修改初步方案》中的表述②相比，《修改决定》将原先"诉讼监督"之表述修改为当前"对诉讼活动实行法律监督"之

---

① 实践中，面对某些国家机关工作人员利用职权实施的普通犯罪，在当地公安机关不适宜或不便侦查的情况下，一些案件通过公安系统内部"提级管辖""指定管辖"的方式也可摆脱地方的不当影响，消除民众对司法不公的质疑，但同时也变相降低了机动侦查权的使用频率。参见董坤：《检察机关机动侦查权研究》，载《暨南学报（哲学社会科学版）》2019年第1期。

② "人民检察院在诉讼监督中发现的司法工作人员违反法律规定、侵犯公民权利、损害司法公正的犯罪，由人民检察院立案侦查"。详见《刑事诉讼法修改初步方案（2018年3月5日稿）》，参见喻海松：《刑事诉讼法修改与司法适用疑难解析》，北京大学出版社2021年版，第324页。

表述，实际上是肯定了检察机关侦查权的法律监督性质，保留了法律监督中对法律执行情况的监督和法律遵守情况的监督，而不局限于对法律适用情况的监督，只是监督范围不再包括一般的职务犯罪案件。[1]尽管"司法性"是检察机关法律监督所具有的特殊属性，也意味着检察机关法律监督是在诉讼程序中具体展开的，但不能就此将"法律监督"矮化为"诉讼监督"。而侦查权也并不是一项专属权力，包括检察机关在内的多个国家机关均有行使侦查权的权力，但唯有检察机关行使侦查权具有"监督性"，这是检察机关侦查之目的与对象所决定的。[2]因此，检察机关侦查权的行使，需要着重强调其"监督性"和"司法性"。

不同类型检察机关侦查权的发展方向可以多元，但检察机关侦查权的"监督性"应当自成体系。既然保留部分检察机关侦查权是检察机关作为侦查程序之主导者和监督者的应然选择，并且检察机关侦查权的有效运行能进一步巩固检察机关的法律监督地位，那么就应当围绕监督性为中心，探索体系化的完善进路，避免出现"有将无兵""手无寸铁"的尴尬境地，给予检察机关足

---

[1] 参见卞建林:《检察机关侦查权的部分保留及其规范运行——以国家监察体制改革与〈刑事诉讼法〉修改为背景》，载《现代法学》2020年第2期。

[2] 参见张智辉:《检察权研究》，中国检察出版社2007年版，第52—53页。

够的侦查人力、装备及相应配套措施。当然，职权重新配置的过程中，检察机关侦查权的监督性也呈现出微妙变化，即向着阶层式、专业化和混合型的法律监督模式发展。上述三种法律监督模式不仅是理论上的类型化划分，也是指导和监督检察机关侦查权实践运作的基本标尺，同时还能为检察机关侦查权的合理配置——侦查人员安排与侦查机构设置——提供具体思路：明确检察机关侦查权的把关作用、强调侦查力量的专业化和提倡侦查机构的灵活性。最重要的是，阶层式、专业化和混合型的法律监督模式并不是非此即彼的关系，而是有条件协同共存、有效互补进而形成体系的。

（一）"阶层式监督"明确检察机关侦查权的把关作用

对于检察机关侦查权的部分保留，应当结合以审判为中心的刑事诉讼制度改革之"正向递进"与"反向指引"两种关系加以考量。前已述及，审查起诉是侦（调）查之进阶，侦（调）查权受制于公诉权；侦（调）查是审查起诉之准备，侦（调）查权服务于公诉权。检察机关作为审前主导者，其侦查权配置与运行应当更多是发挥阶层式监督的功能。申言之，对于公安机关、监察机关移送的案件需要补充侦查的，倘若退回补充侦（调）查并不能达到良好效果，抑或公安机关、监察机关不予配合，那么检察机关即得以"进阶"之监督者的姿态进行监督或自行补充侦查，守护法律的同时有效推进诉讼进程。《补充侦查意见》明确，检察机关自行补充侦查要在具备自行侦查条件、具有自行侦查可行性和不宜退回补充侦查的必要性的情况下适用。易言之，退回补充侦查和自行补充侦查在适用上有先后之分，但这并不意味着检察机关"进阶"之监督者地位有所动摇。当然，在过往的司法实践中，对于退回补充侦查效果不佳的情形，较少直接自行补充侦查，较为成功的经验是对侦查人员消极补充侦查及时纠违、通报或要求更换侦查环节承办人，对证据不符合起诉标准的案件坚决作出不起诉决定，防止案件"退而不侦"，发挥"进阶"之监督作用。[①]同理，对于公安机关侦查的国家机关工作人员利用职权实施的其他重大的犯罪案件，公安机关不宜立案侦查的或公安机关应当立案而不立案的，检察机关同样应当以"进阶"之监督者的姿态直接立案侦查，就公安机关对特殊案件的立案侦查是否有效、有序进行监督。

阶层式监督首先应当明确作为"进阶"之检察机关与"初阶"之公安机关、监察机关在程序意义上的阶层

[①] 例如，某省人民检察院制定的《某省检察机关公诉部门补充侦查工作办法（试行）》中规定："对于侦查机关在补充侦查过程中未按照《补充侦查提纲》调查取证的，应当书面要求侦查机关说明理由。对于因侦查人员不负责任造成案件证据未能及时收集，影响依法追究犯罪嫌疑人刑事责任的，可以向侦查机关发出《检察建议》，要求整改。对于其中情节严重涉嫌犯罪的，移送相关机关（部门）处理。"

关系，所谓"正向递进"与"反向指引"是相伴而生的，试图在正向上形成递进态势则必然要在反向上明确指引关系。在审前程序之中，只得存在一个主导者，[①]当多方观点存在冲突时，审前主导者的意见和决定具有把关作用。检察机关作为法律监督机关，且处于审前程序之"进阶"，有义务和能力作为主导者对"初阶"之侦查或调查加以监督和引导，因此，其侦查权同样具有把关作用。具体而言，在检察机关保留的三类侦查权中，自行侦查权具有排他性，当然也就无需强调是否优先，而自行补充侦查权和机动侦查权均与其他侦查（调查）机关存在交集，即需要明确检察机关侦查权的把关作用。检察机关一旦决定行使机动侦查权，公安机关不得再通过提级管辖或者指定管辖的方式排除检察机关机动侦查权的介入。同样，检察机关一旦决定自行补充侦查，公安机关、监察机关应给予必要的配合，检察机关自行补充侦查与公安机关侦查、监察机关调查之事实、证据和认定罪名存在出入时，以检察机关自行补充侦查为准。

《修改决定》虽然赋予了检察机关对于监察机关移送起诉的案件退回补充调查和自行补充侦查的权力，但未

[①] 检察机关的客观义务，使得检察机关具有相对"客观"之优势成为审前主导者。参见刘奕君：《强制辩护制度之类型化分析与本土化实践——以认罪认罚从宽制度为切入点》，载《当代法学》2021年第6期。

明确补充调查的次数、期限及相应的程序后果，并且补充调查期间对犯罪嫌疑人是沿用检察机关作出的强制措施抑或恢复留置，存在疑问。实际上，其后制定的《国家监察委员会与最高人民检察院办理职务犯罪案件工作衔接办法》对上述问题已有规定，例如第38条规定"补充调查期间，犯罪嫌疑人沿用人民检察院作出的强制措施"，第39条规定"调查部门应当在一个月内补充调查完毕并形成补充调查报告……补充调查以二次为限"，并且对于补充调查或自行补充侦查后检察机关应当作出不起诉决定的情形作了具体规定。但此类办法的效力毕竟难以与法律企及，既然国家监察委员会已经与最高人民检察院就上述问题达成共识，本应在此次《刑事诉讼法》修改中加以体现，进而在法律层面规范监察机关与检察机关的衔接；倘若能够更进一步，更应当明确检察机关侦查权的把关作用，即与公安机关侦查、监察机关调查之事实、证据或认定罪名存在出入时，以检察机关自行补充侦查的结果为准。

需要说明的是，"阶层式监督"或检察机关侦查权的"把关作用"，并不意味着各机关之间的高低或先后，只是基于刑事诉讼程序有序推进的客观考量。《刑诉规则》第344条规定了对于监察机关移送起诉的案件，人民检察院可以自行补充侦查的几种情形，其中就包括"其他由人民检察院查证更为便利、更有效率、更有利于查清案件事实的情形"。可见,"阶层式监督"或检察机关侦查权的"把关作用"更多是从便利、效率和有利于查清案件事实而考虑的,"苏某某等人滥用职权、受贿案"[①]即体现出检察机关自行补充侦查并增加罪名起诉更为便利、更有效率。与退回监察机关调查相比,检察机关自行补充侦查取证速度较快、效率较高,方向明确、针对性强,并且有助于形成心证、增强内心确信,[②]所谓"把关作用"很大程度上就是从"有效把关""高效把关"出发的。而从刑事诉讼程序推进的角度来看,检察机关自行补充侦查权处于阶层式程序之进阶,对初阶之侦查或调查的监督就是一种阶层式监督,这同样不涉及各机关的高低、先后之分。

[①] 经审理查明,被告人苏某某、覃某、卢某、陈某某、黄某作为在国家机关中从事公务的人员,在代表国家机关行使职权时,滥用职权,致使国家利益遭受重大损失,五被告人的行为构成滥用职权罪;被告人苏某某、覃某、卢某、陈某某、黄某身为国家工作人员,利用职务上的便利,共同或单独收受他人财物,为他人谋取非法利益,五被告人的行为均构成受贿罪。本案中,监察机关以滥用职权罪移送起诉,但是受贿事实已经包含在滥用职权事实和证据当中,滥用职权并收受贿赂的,依法应以滥用职权罪和受贿罪并处,因此,检察机关自行补充侦查后增加罪名起诉。参见广西壮族自治区南宁市中级人民法院(2020)桂01刑终309号刑事判决书。

[②] 参见陈小炜:《监检关系视野下退回补充调查与自行补充侦查》,载《北方法学》2020年第6期。

（二）"专业化监督"保障侦查力量的专业化

法律监督具有主体唯一性、手段专门性、对象特定性、效果法定性等特点。其中手段专门性意味着，检察机关进行法律监督的手段是由法律特别规定的，包括侦查、批准逮捕、提起公诉、抗诉等，这些是唯有检察机关才有权使用的监督手段，与党的监督、人大监督、监察监督、舆论监督等均有显著区别。[①] 既然如此，法律监督就和其他类型的监督存在差异，其强调检察机关在法律授权的范围内、运用法律规定的手段、遵循法律规定的程序对国家法制统一和法律正确实施进行监督。法律监督具有司法性，检察机关具有司法机关性质，检察官是运用法律知识的法律专家，因而法律监督应当体现相应的专业化程度。尽管过往职务犯罪侦查同样具有法律监督性质，但毕竟案件种类众多、范围宽泛、案情复杂，职务犯罪侦查权运行过程中并不能完全体现法律监督的司法性，反而更亲近于行政化运作，其本质是事务性判断和执行，而非适法性判断，更追求侦查效率而较少强调侦查人员的独立性。但在职务犯罪侦查权转隶后，保留的三类检察机关侦查权均是在对诉讼活动实行法律监督过程中行使的，其具有更多的司法化元素，与检察机

[①] 参见朱孝清、张智辉主编：《检察学》，中国检察出版社2010年版，第185—192页。

关专业化程度相适应，其目的是以丰富的法律知识和诉讼调控者、审前主导者的身份守护法律。

当前，刑事执行检察部门负责检察机关侦查权的运行。由于侦查力量的配置需要适应检察机关内设机构调整趋势，同时考虑办案业务量和检察官数量，倘若业务量较小，检察官员额少，则应考虑合并机构甚至不设机构。[①] 是故，目前检察机关考虑在业务机构下设置侦查组或侦查室，由其专门负责检察机关侦查权的行使，是相对合理的。但倘若在刑事检察一厅（部）、二厅（部）等刑事检察机构中直接配置部分力量负责侦查，可以预见的是，这一人员安排和机构设置的思路或许会招来理论质疑，既是侦查者又是控诉者甚至批捕者，是否会弱化检察机关的监督和制约作用，不利于保障被追诉者权利。因此，在刑事执行检察部门中配置侦查力量，能在检察机关内部保证侦查与控诉、批捕的相对分离。至于监督和制约作用的保障，一方面来自检察官的客观义务，另一方面来自以审判为中心的刑事诉讼制度。申言之，侦控作为审前程序的具体环节，检察官首先应当秉持客观义务中立审查，而最终的裁判是通过公开、理性、对抗的庭审，在证据审查和言词辩论的基础上对指控进行判定，其基础建立在法庭审理而非审前程序

---

① 参见龙宗智：《检察机关内部机构及功能设置研究》，载《法学家》2018年第1期。

之上。①

　　侦查行为所依赖的专业性，并不仅仅是相关法律知识，还需要办案人员拥有足够的侦查经验、技巧和谋略，并且为其提供侦查所需的专业化设施和硬件设备。因此，在检察机关内部侦查人员的选任上，一方面，应当优先考虑曾有反贪、反渎工作经验的办案人员，另一方面，需要同时加强对检察机关内部新生侦查力量的培养。而在侦查设施和硬件设备上，检察机关早在2008年年底就已基本完成了侦查所需的办案用房和技术用房建设，最高人民检察院又于2017年建成职务犯罪司法办案电子数据库，推进侦查信息化建设，②各省市也有相应的设施、设备基础，可以进行整合利用。此外，还应当明确公安机关、监察机关的配合义务，必要时接受检察机关的引导，凸显检察机关审前主导者之地位的同时，为检察机关侦查权提供专业性补充。

（三）"混合型监督"提倡侦查机构的灵活性

　　前述之"专业化监督"，其重点在于侦查的专业化与否，当然人员配置、机构设置与监督类型等都可能影响

---

　　① 参见谢澍：《迈向"整体主义"——我国刑事司法证明模式之转型逻辑》，载《法制与社会发展》2018年第3期。
　　② 参见苗生明：《浅议检察机关特定侦查权的有效行使》，载《中国检察官》2018年第23期。

专业化程度；但侦查机构的设置，除了为侦查专业化服务，更重要的是根据监督类型进行有针对性的设计。监督可以分为主观型监督、客观型监督和混合型监督三种类型。主观型监督是指权力部门的具体活动仅以监督为目的，其权力的实施就是负责监督权力的运行，防止权力被滥用，例如上级对下级的监督、执政党内部的党纪监督等。这种监督形式存在之目的即监督，是一种积极的、主动的显性监督方式，优点在于监督力度强，不足之处在于可能消耗大量公共资源，且易对相对方的正常工作造成影响。客观型监督是指权力部门的具体活动并不以监督为目的，但其权力活动客观上制约了其他部门滥用权力，例如法院的刑事审判客观上可以制约侦查机关、公诉机关的权力滥用。这种监督的效果来自权力的结构性布局，是客观存在的，通常发生于平等主体之间，是一种消极的、被动的隐性监督方式，优点在于不消耗额外的公共资源，不影响相对方的正常工作，不足之处在于监督力度相对较弱。混合型监督综合了主观型监督和客观型监督的特点，权力部门有的活动是主观型监督，有的是客观型监督，有的则同时兼具行事和监督双重目的。[①]例如，作为现代检察制度之缘起和基本职能的公诉，即体现控诉功能和监督功能有机统一的混合型监督，检察机关通过对犯罪的控诉，实现对警察侦查权（监察调

---

① 参见谢佑平：《论公诉权的监督性》，载《法学》2007年第9期。

查权）和法官审判权的双重监督。[①]而刑事执行检察部门原本则是典型的主观型监督，但现在将具有混合型监督性质的检察机关侦查权配置于刑事执行检察部门，则将形成刑事执行检察部门业务中主观型、混合型监督活动兼具的局面。学界曾有讨论，检察机关诉讼职能与监督职能是否应当适度分离，并设立专门的监督机构集中行使监督职能。[②]但在国家监察体制改革的语境下，检察机关诉讼职能与监督职能的分离仍需充分论证和谨慎决策。是故，检察机关内部的混合型监督，短期内并不会被主观型监督完全替代。而在反贪、反渎部门转隶前，其同样是兼具行事与监督双重目的，属于混合型监督。加之当前检察机关已没有专门的侦查部门，侦查权行使可能需要由其他业务部门兼顾，因而必然仍是以混合型监督之样态运作的。

当前立即在检察机关内部重新设置独立的侦查部门既不现实，也不符合检察机关内部大部制改革的总体趋势，且基于较少的案件数量，其必要性也存疑。我们在对检察机关的调研中发现，自行补充侦查的适用量仍相

[①] 参见朱孝清:《中国检察若干问题研究》，中国检察出版社2008年版，第21—22页。

[②] 在此意义上看，将刑事执行检察部门进一步拓展为专门的监督机构，似乎更符合检察改革的总体趋势。关于刑事执行检察改革，以及诉讼职能与监督职能适度分离的问题，可参见卞建林、谢澍:《刑事执行检察监督：资源整合与体系建构》，载《河南社会科学》2015年第7期。

对较低。实践中，退回补充侦查呈现出从补充性措施演变为常态性措施的趋势，需要补充侦查的案件比例较大，且这部分案件中又有近半数需要再次补充侦查，补正效果并不好，存在消极补充侦查的现象，正如有的公诉人抱怨的那样："能找的证人不找，能查的物证不查，以情况说明的方式应付了事，让公诉人进退两难，最后就低起诉。"但即便如此，囿于侦查力量和侦查手段的缺失，检察机关也并不乐于直接自行补充侦查，是故，需要足够的配套保障将这一制度有效激活。自行补充侦查首先是服务公诉导向的，其目的是保障全面、客观地收集证据，进而达到案件事实清楚、证据确实充分的起诉标准，过往实践中往往由公诉机关的承办人直接自行补充侦查，而并非交由检察机关内部反贪、反渎机构运作。同时，前已述及，自行补充侦查还具有法律监督性质。因而，以自行补充侦查权为代表，检察机关侦查权具有混合型监督之性质，兼具行事和监督双重目的，将侦查力量直接配置于具有公诉职能的业务机构也并无不妥。但当前检察机关侦查权配置的思路是在刑事执行检察部门下设，因而，检察机关自行补充侦查权的运行模式可以是由承办人指导和提出补充侦查提纲，刑事执行检察部门具体进行侦查。[1]考虑到侦查活动需要一定经验和技巧，上述

---

[1] 对于刑事执行检察理论研究而言，这也是新的增长点和突破口。参见熊秋红：《刑事执行检察的回顾与展望》，载《中国刑事法杂志》2022年第1期。

运行模式可以扶持和培养一部分固定的侦查力量，也有助于检察机关侦查权的长期有效运作。

四、小结

维辛斯基曾言："为了领导侦查员的工作，就需要参加这个工作……若是不具体地了解案件，如何能做业务上的指示呢？只能把案件弄得一塌糊涂罢了。我想要对案件作出指示，那我自己就要和我所领导的侦查员一起进行侦查行为。"[①]当然，随着检察制度的不断发展，这里所谓的"参加"并不意味着每个案件检察机关都应直接侦查或参与侦查，而是应当根据案件类型和案情需要进行合理选择。所谓"合理选择"，需要从国家治理需求和检察机关职能的契合程度出发。

关于国家监察体制改革与检察机关侦查权，检察机关并没有因此弱化法律监督职能，反而是为更好地行使法律监督职能，卸下了本不应由法律监督所承受的"负担"：首先，打击腐败之功能在一定程度上超出了检察机关的宪法职能，过往包括法律监督在内的多种监督机制并没有真正阻止腐败现象，因而需要整合资源，建构统一、权威、高效的国家监察体制。其次，过往部分职务

[①] 谢鹏程选编：《前苏联检察制度》，中国检察出版社2008年版，第212页。

犯罪侦查的对象并未真正妨碍法律正确实施，因而超出了法律监督的应然范围。例如，国家机关工作人员贪污、受贿、渎职类犯罪，其行为妨碍了国家管理活动、损害了国家权力行使的廉洁性，但并不必然妨碍法律正确实施；国有公司、企业、事业单位人员的贪污、贿赂犯罪，在社会主义市场经济的背景下，国有企业经营活动同样受市场调节，不能简单地将国有企业的经营活动视为法律实施行为。由此观之，将一定程度超出宪法职能或与法律正确实施没有必然直接关联的职务犯罪案件转交专门的国家监察机关查办，反而有利于检察机关集中资源，在诉讼活动中维护国家法制的统一和法律的正确实施。[1]

并且，检察机关侦查权在适当"减负"之后，其重要性较之过往并未降低，反而成为提升法律监督实效的突破口和增长点。尤其是在当前"四大检察"的新格局下，检察机关侦查权是切实保障检察权有效运行的内生手段：在刑事检察领域，可以借助检察机关侦查权提高立案监督、侦查监督的质量和效率；在民事检察、行政检察领域，可以借助检察机关侦查权实现重大监督事项的调查核实协作；在公益诉讼领域，可以推进检察机关侦查力量与公益诉讼检察部门的工作衔接，探索建立线

---

[1] 参见张智辉：《检察侦查权的回顾、反思与重构》，载《国家检察官学院学报》2018年第3期。

索发现、移送、核查等机制。①但考虑到当前检察机关侦查权的配置经历了重大调整，各级检察机关仍需重新适应当前角色、持续探索权力运行的优化模式，进而确保检察机关侦查权对内与检察机关其他职权形成良性互动，对外与监察机关调查权、公安机关侦查权形成有效衔接。

事实上，作为中国特色社会主义检察制度的有机组成部分，检察机关行使侦查权本就兼具法理基础和实践经验：一方面，由诉讼原理观之，收集和提交证据的权力属于诉权的重要内容，因而侦查权在理论上本就可以归于诉权；另一方面，从实践经验考察，检察机关在一定的案件范围内直接行使侦查权更有助于此类案件侦查与起诉之有效衔接。更重要的是，检察机关侦查权是由检察机关的法律监督职能所派生的，而检察机关的法律监督地位和上下级领导体制也更利于有效行使侦查权。②检察机关的法律监督具有"司法性"，贯穿于侦查、批捕、公诉、抗诉等具体诉讼行为之中；而侦查权虽并非检察机关专属，却仅有检察机关侦查权具备突出的"监督性"。因而，作为同时彰显"司法性"与"监督性"的重要职权，检察机关侦查权在国家监察体制改革、检察

---

① 参见贾宇：《司法工作人员相关职务犯罪侦查的浙江实践》，载《人民检察》2022 年 6 期。

② 参见卞建林：《论检察》，中国检察出版社 2013 年版，第 125 页以下。

机关职务犯罪侦查权转隶之后仍然得到一定保留，对完善中国特色社会主义检察制度是具有深远意义的。以2018年《刑事诉讼法》修改和全国检察机关开展"百日攻坚"专项行动为契机，检察机关充分行使自行侦查权、补充侦查权、机动侦查权，总结权力运行的有效经验，并由此探索建构检察机关侦查权的法律监督体系，是巩固检察机关法律监督地位的重要举措。

遵循上述思路，本章试图论证，重新配置后的检察机关侦查权已初成制度规范体系，需要以监督性为中心，厘清不同类型检察机关侦查权的发展方向及其重点，推动检察机关侦查权向着阶层式、专业化和混合型的法律监督体系发展，明确检察机关侦查权的把关作用，进而培养专业化的侦查力量、设置灵活性的侦查机构，保障检察机关侦查权的合理配置和有效运行。最后需要说明的是，虽然本章主张在专业化机构之下设置专业化、灵活性的侦查组或侦查室，但这并不意味着检察机关内部未来必然不会出现综合、独立的侦查机构。尤其是随着公益诉讼的出现和发展，在监督工作中存在大量的调查工作，这些调查工作的手段在许多方面与侦查手段是相似甚至一致的。① 因而，从提升检察机关整体侦查、调查

---

① 参见卞建林、谢澍：《刑事附带民事公益诉讼的实践探索——东乌珠穆沁旗人民检察院诉王某某等三人非法狩猎案评析》，载《中国法律评论》2020年第5期。

和办案质量的角度出发，在分散行使侦查权的同时，探索侦查力量的积累与整合，进而创设综合、独立的侦查调查机构，是未来需要理论与实务深入研究和审慎决策的命题。此外，除了进一步探索检察机关侦查权的启动条件、适用范围、运作程序以及机构设置等问题，学界还应持续关注检察机关侦查权的实际运行状况，借助实证研究方法对其加以进一步研判。

第八章 刑事缺席审判：类型化分析与体系化建构

当前，我国正经历着历史性变革，随着现代社会的不断发展，刑事司法制度也面临着全新挑战。尤其是反腐败力度加强，需要相应制度提供切实保障，适应反腐败斗争的新形势、新目标，进而公正、高效地打击腐败犯罪。因此，有观点认为，针对贪污贿赂犯罪建构中国特色的刑事缺席审判制度业已具备必要性与可行性。[1]2018年4月25日提请审议的《中华人民共和国刑事诉讼法（修正草案）》（以下简称《修正草案》）中，"刑事缺席审判"即成为一大亮点。2018年10月26日，《全国人民代表大会常务委员会关于修改〈中华人民共和国刑事诉讼法〉的决定》（以下简称《修改决定》）由第十三届全国人民代表大会常务委员会第六次会议通过，《刑事诉讼法》第五编特别程序中增设的缺席审判成为正式制度。[2]这并非我国理论界首次将目光聚焦于刑事缺席审判制度，在我国正式签署、批准加入《联合国反腐败公约》前后，为了加强在引渡和司法协助领域的国际合

---

[1] 参见彭新林：《腐败犯罪缺席审判制度之构建》，载《法学》2016年第12期。

[2] 建立刑事缺席审判制度是2018年《刑事诉讼法》修改的三大亮点之一，相关解读可参见卞建林、谢澍：《刑事诉讼法再修改：解读与反思》，载《中共中央党校学报》2018年第6期。

作，关于刑事缺席审判制度的研究热潮顺势兴起。[①]然而，这一阶段的研究并未达成共识，尤其是在刑事缺席审判制度的适用范围、制度定位、程序运作等方面存在分歧。2012年《刑事诉讼法》修改时，也只是新增了"犯罪嫌疑人、被告人逃匿、死亡案件违法所得的没收程序"（本章简称"违法所得没收程序"），尚未确立真正意义上的刑事缺席审判制度。当前，倘若再次对刑事缺席审判制度展开深入研讨，理应结合制度反腐的现实需求，吸收十八届四中全会以来我国刑事诉讼制度的改革成果，并可借鉴域外之理论与实践经验。由是之故，本章试图对刑事缺席审判制度的正当性基础进行理论解析，并考察域外立法例作出类型化分析，进而为刑事缺席审判制度的体系化建构贡献理论资源。

一、刑事缺席审判制度的正当性基础

一项有益于社会的法律制度，其理想状态应是合法性（legality）与正当性（legitimacy）兼备，而合法性与正当性之关系向来是法哲学与政治哲学中最为重要的论

[①] 这一阶段的代表性成果参见邓思清：《刑事缺席审判制度研究》，载《法学研究》2007年第3期；万毅：《刑事缺席判决制度引论》，载《当代法学》2004年第1期；张小玲：《问题与误读：刑事缺席审判制度质疑》，载《政法论坛》2006年第3期；等等。

题之一。简言之,合法性更多关乎制度的形式要求,而正当性则需要诉诸范围更广的价值判断,强调其实质意义上是否合理。正如海勒(Hermann Heller)所指出的那样,任何关于法律的概念,从根本上讲,都具有政治属性,并与特定的历史社会背景相关联。[①]因而,当试图建构一项具有正当性的新制度时,均需要从政治需求、社会背景出发,挖掘其积极要素,刑事缺席审判制度同样如此。研判其正当性基础,首先应当与特定的历史社会背景相关联,并结合现有制度雏形,逐步回应理论质疑,梳理制度建构的必要性与可行性。

(一)适应制度反腐的新形势、新目标

党的二十大报告指出,我们开展了史无前例的反腐败斗争,以"得罪千百人、不负十四亿"的使命担当祛疴治乱,不敢腐、不能腐、不想腐一体推进,"打虎"、"拍蝇"、"猎狐"多管齐下。还指出,腐败是危害党的生命力和战斗力的最大毒瘤,反腐败是最彻底的自我革命。只要存在腐败问题产生的土壤和条件,反腐败斗争就一刻不能停,必须永远吹冲锋号。

2022年,最高人民法院审结贪污贿赂等职务犯罪案

---

① 参见[加]大卫·戴岑豪斯:《合法性与正当性——魏玛时代的施密特、凯尔森与海勒》,刘毅译,商务印书馆2013年版,第190页。

件11.9万件13.9万人。依法从严惩处92名原中管干部，彰显党中央有腐必惩、有贪必肃的坚定决心。与此同时，坚决惩治了侵害群众利益的"蝇贪"、"蚁腐"，对挪用惠农资金、克扣征地补偿款、贪污危房改造补助等腐败犯罪严惩不贷。审结行贿犯罪案件1.2万件1.3万人，严惩多次行贿、巨额行贿、长期"围猎"干部的行贿犯罪。审理外逃人员回国受审案件979件，追逃追赃"法网"越织越紧，对腐败分子产生极大震慑。[①]由上述数据观之，一方面，上一阶段的反腐败斗争取得了卓越成效，持续保持高压态势；另一方面，反腐败斗争形势依然严峻，需要一系列制度加以有效保障，形成反腐制度化、常态化，进而确保党和国家长治久安。是故，"夺取反腐败斗争压倒性胜利"仍是新时代的重要目标之一，习近平总书记更是特别强调："不管腐败分子逃到哪里，都要缉拿归案、绳之以法。"[②]这当然是公安、司法机关的奋斗方向，也是社会公众的殷切期望。但从刑事司法本身的运作规律而言，并非每个犯罪嫌疑人都能及时归案，更何

[①] 参见《最高人民法院工作报告——2023年3月7日在第十四届全国人民代表大会第一次会议上》，载最高人民法院官网，https://www.court.gov.cn/zixun-xiangqing-393751.html，最后访问日期：2024年1月2日。

[②] 习近平：《决胜全面建成小康社会 夺取新时代中国特色社会主义伟大胜利——在中国共产党第十九次全国代表大会上的报告》，载《党的十九大报告辅导读本》，人民出版社2017年版，第1—69页。

况贪腐人员往往穷尽各种方式潜逃海外，影响刑事追诉的及时、有效开展。对此，刑事诉讼制度仍有进一步完善的空间。

《联合国反腐败公约》序言中强调，腐败对社会稳定与安全所造成的问题和构成的威胁之严重性，破坏民主体制、价值观、道德观和正义并危害着可持续发展与法治；并且，涉及巨额资产的腐败案件中，这类资产可能占国家资源的很大比例，并对这些国家的政治稳定和可持续发展构成威胁；因而，腐败已经不再是局部问题，而是一种影响所有社会和经济的跨国现象，开展国际合作预防和控制腐败是至关重要的。多年来，海外追逃追赃始终是我国反腐败国际合作的工作重点。在中央纪委统一领导下，2014年10月起持续开展专项行动，与相关部门密切协作，加强与有关国家、地区司法合作，现已从42个国家和地区劝返、遣返、引渡外逃职务犯罪嫌疑人222人，包括杨某珠、李某波、王某强、黄某荣等35名"百名红通人员"。[①] 同时，也应清醒地认识到，尽管我国国际反腐败谈判能力、国际司法合作能力、对世界反腐败秩序的影响力均有大幅提升，但贪腐人员外逃后往往需要历经多年的调查和谈判方能到案，"百名红通人

---

① 参见《2018最高检工作报告全文（文字实录）》，载最高人民检察院官网：https://www.spp.gov.cn/spp/tt/201803/t20180309_369886.shtml，最后访问日期：2024年1月2日。

员"中尚未归案人员绝大多数逃匿在美国、加拿大、澳大利亚、新西兰等国家,需要进一步加强刑事司法互助。2018年10月,《国际刑事司法协助法》表决通过,其中对刑事司法协助请求的提出、接收和处理,送达文书,调查取证,安排证人作证或者协助调查,涉案财物的查封、扣押、冻结,违法所得的没收、返还和分享,刑事诉讼结果通报等均作出规范。

然而,刑事司法协助仅仅是惩治外逃贪腐人员的一个面向,在其出逃至到案的若干年间,如何解决由于其逃匿而给刑事诉讼顺利进行带来的难题,是否需要设置相应刑事程序对其进行规制,值得进一步研究,刑事缺席审判便是可能的制度选择之一。腐败分子之所以选择外逃并转移犯罪所得,尤其是由发展中国家向发达国家外逃和转移,实际上是借助国家间的"制度差"和"法治壁垒"以求自保。因此,我国需要逐步提升处理贪污贿赂犯罪案件的法治化水平,形成正当且长效的制度,进而降低"制度差"和"法治壁垒",对外逃贪腐人员依法作出判决的同时,对其他贪腐人员起到震慑作用,使其不再对外逃和转移犯罪所得抱有侥幸心理。

(二)保障公正、高效地打击腐败犯罪

刑事审判程序中,以被告人到场为原则,各国之立法纵然有部分接纳缺席审判制度,但也严格限制其适用范围。这是基于发现真实及被告人利益之考量,倘若庭审中不能直接对被告人进行讯问,且无法保障最完善之辩护,则裁判错误的风险相应上升。[①]因而,《公民权利和政治权利国际公约》第14条在阐释公正审判权时强调,"出席受审并亲自替自己辩护或经由他自己所选择之法律援助进行辩护"是在判定对被追诉人提出的任何刑事指控时,有资格享有的最低限度保证之一。而刑事缺席审判作为被追诉人出席受审之例外,批判之声始终伴随着这一制度。但刑事诉讼理论的发展与现代社会的发展是相适应的,随着理论的革新,过去被视为例外的制度,往往能逐步凸显其正当性,进而形成新的理论根基。申言之,对于刑事缺席审判制度之正当性的质疑,可以最大公约数为刑事缺席审判制度与发现真实、权利保障以及诉讼经济三个向度之关系,而这三组关系随着刑事诉讼理论的发展,正从紧张走向融洽。借助刑事缺席审判制度的建构,能进一步保障公正、高效地打击腐败犯罪,并维护当事人、利害关系人合法权益。

其一,刑事缺席审判与发现真实。发动刑事诉讼程序,用意在于获取基于实体刑法的正确裁判,因而"发现真实"既是正确裁判的必要前提,也是刑事诉讼本身的目的之一。只有在发现真实的基础上,才能真正做到

---

① 参见[德]克劳思·罗科信:《刑事诉讼法》(第24版),吴丽琪译,法律出版社2003年版,第403页。

不枉不纵、开释无辜、惩罚犯罪。①刑事诉讼对发现真实的追求始终得到高度重视，我们强调"以事实为根据，以法律为准绳"以及"事实清楚，证据确实、充分"。因而，倘若试图建构刑事缺席审判制度，必须保证其发现真实之目的不得减损，即在没有被告人供述的前提下，同样应当达到法定证明标准，这实际上是对公安、司法机关提出了更高的要求。虽然《刑事诉讼法》第55条第1款强调："对一切案件的判处都要重证据，重调查研究，不轻信口供。只有被告人供述，没有其他证据的，不能认定被告人有罪和处以刑罚；没有被告人供述，证据确实、充分的，可以认定被告人有罪和处以刑罚。"但在我国过往的刑事司法实践中，"以口供为中心"之异化倾向较严重，有的办案机关依赖口供而疏于对客观性证据的收集和审查判断，有些导致冤错案件发生。而在刑事缺席审判中，由于被追诉人逃匿或死亡，办案机关必须接受"零口供"的现实，进而强化对客观性证据的收集和审查判断，使之达到法定证明标准。更何况对于贪腐案件而言，其侦破和审理极为依赖犯罪嫌疑人、被告人供述与证人证言，一旦犯罪嫌疑人自杀或潜逃，很可能中

---

① 参见林钰雄：《刑事诉讼法（上）》，台湾地区元照出版有限公司2017年版，第7—8页。

断案件线索，增加案件办理难度。[①]某种意义上，反而倒逼公安、司法机关提升此类案件的办案质量，避免"带病起诉"和"带病判决"。当然，即便如此，与被告人出庭的案件相比，缺席审判的——至少是形式上的——构造失衡的确是不争事实，为了避免控辩不平等而违背正当程序、有碍发现真实，检察官之角色诠释即显得尤为重要。申言之，在缺席审判中，检察官更应恪守合法性义务与客观性义务：一方面，严格把关案件质量，确保证据合法性，避免"带病起诉"；另一方面，检察官作为客观法律准则与实体真实正义的公仆，应当同时收集、展示对于被告人有利和不利的证据。[②]同时，应保障被追诉人家属、利害关系人及辩护律师有效参与诉讼，维持等腰三角之诉讼构造的平衡，贯彻无罪推定、疑罪从无、证据裁判等基本原则。

其二，刑事缺席审判与权利保障。除了发现真实，刑事诉讼之目的还在于，调整公共社会对刑罚的关切和国家适用刑罚对个人的保护，当不得不侵害个人权利时，法之目的是必须把这种侵害限定在最小范围。[③]刑事缺

[①] 参见陈卫东：《构建中国特色刑事特别程序》，载《中国法学》2011年第6期。

[②] 参见林钰雄：《检察官论》，台湾地区学林文化出版有限公司1999年版，第16页以下。

[③] 参见[日]田口守一：《刑事诉讼的目的》，张凌、于秀峰译，中国政法大学出版社2011年版，第32—33页。

席审判中，因为被告人未能亲自出庭，其辩护权、质证权、知情权可能无法充分行使，毕竟这在形式上与刑事诉讼之当事人参与原则相违背。基于参与原则，一方面，控辩双方亲自到庭参与审理，以言词辩论之方式发现真实，有利于实体之公正；另一方面，控辩双方亲自到庭参与审理，体现了诉讼主体对于诉讼的参与性，有利于程序之公正。但刑事缺席审判仍然是言词审理程序，有别于书面审理，即便是一方之辩论而为判决也能体现言词性。[1]更何况，前已述及，在被告人缺席的情况下，仍应遵循无罪推定、疑罪从无、证据裁判等基本原则，坚持法定证明标准，通过被追诉人近亲属、辩护律师之实质参与得以将控辩交锋之可能最大化。需要明确的是，被告人权利克减并不是拒绝缺席审判的理由，以 United States v. Tortora 案[2]为例，上诉法院驳回了被告人根据美国宪法第六修正案就审判开始时其未在场所提出的异议，并强调只有当公共利益明显高于自愿缺席的被告人之利益时，审判才可以在被告人缺席的情况下开始。这也意味着被告人权利是否克减应当服从于公共利益之考量。[3]此外，除了被追诉人的权利，还应当保障被害人利益，

---

[1] 参见谢佑平、万毅：《刑事诉讼法原则：程序正义的基石》，法律出版社2002年版，第343—345页。

[2] United States v. Tortora, 464 F.2d 1202（2d Cir. 1972）.

[3] 参见［美］伟恩·R. 拉费弗等：《刑事诉讼法》（下），卞建林、沙丽金等译，中国政法大学出版社2003年版，第1202页。

刑事缺席审判制度的缺位将使其通过诉讼可以预期之利益及补偿迟迟难以兑现，即便现有的没收程序能部分弥补其物质损失，但无法定罪量刑仍难以抚慰其心理创伤，业已被破坏的社会秩序得不到有效恢复。

其三，刑事缺席审判与诉讼经济。刑事诉讼应当遵循"公正优先，兼顾效率"之原则，国家刑罚权设立之目的即在于恢复业已被破坏的社会秩序，在保证国家刑罚权实施之公正性的同时，也不应忽略对效率的追求，进而避免"迟到的正义"。[①]对于犯罪行为，在其刚刚发生时进行追究所消耗的司法资源将是最少的，结果也更可能接近客观真实。过往，一旦贪污贿赂案件犯罪嫌疑人外逃，通常需要经过多年的调查和谈判才能将其引渡归案。而在此期间，尽管诉讼程序停滞，但司法资源仍在消耗，并且可能导致证据原始性遭到破坏甚至灭失，证人对案情的感知越发模糊。进而，在提高诉讼成本的同时，增加最终裁判背离客观事实的可能性，不仅影响诉讼效率、浪费司法资源，还无益于最终的公正审判。[②]尤其是在贪腐案件中，被追诉人逃匿造成的诉讼延宕，一方面会提升反腐的社会成本，动摇司法在社会公众心

---

① 参见陈卫东：《程序正义之路》（第二卷），法律出版社 2005 年版，第 192 页。

② 参见卞建林主编：《腐败犯罪诉讼程序专题研究》，中国人民公安大学出版社 2014 年版，第 169 页。

目中的权威性和威慑力；另一方面，会降低贪腐人员逃匿、躲避法律制裁的成本。当然，这里提到的诉讼经济，不仅仅是前述之节约司法资源，还关乎法律制度本身的社会效益，即用法律经济学的视角评价制度本身。同一社会背景之下，一项法律制度相较另一项法律制度能创造更大的社会效益，这一法律制度是更优的。波斯纳将诉讼制度之目的视为两类成本之和的最小化，即错误的司法判决之成本和诉讼制度的运行成本，倘若为了降低前者而提升后者导致两者之和增加，即有违诉讼制度之目的，反之亦然。[①]拒绝缺席审判固然可能降低错误裁判的概率，但会更多地消耗司法资源，提高反腐之制度成本。因而，一味拒绝缺席审判并不符合诉讼经济原理，应当积极探索错误裁判成本与诉讼制度运行成本之和最小化的平衡点，及时推进诉讼程序，保证相关证据材料的完整性、相关证人记忆的可靠性，以相对较少的司法资源追求公正判决。

（三）弥补违法所得没收程序"未定罪即罚没"之缺陷

过往，由于我国法律尚未规定刑事缺席审判，当犯罪嫌疑人、被告人逃匿或死亡时，刑事诉讼程序即无法

[①] 参见［美］理查德·波斯纳：《法律的经济分析》，蒋兆康译，法律出版社2012年版，第816页。

顺利进行，致使部分犯罪违法所得以及用于犯罪的财产无法追缴，既不利于打击犯罪，也不利于维护国家与被害人利益。因而，为了严厉打击相关犯罪，对犯罪所得及时采取追缴措施，并与我国已加入的《联合国反腐败公约》相衔接，2012年《刑事诉讼法》修改时增加了违法所得没收程序，并明确其适用范围、申请、公告、审理和救济程序。①而当我们仔细加以研判即会发现，这一程序只涉及罚没而不涉及定罪，是一种将犯罪人与违法所得相分离进行处理的"对物之诉"，并非典型的审判程序，更不是兼顾定罪与罚没的刑事缺席审判制度。当然，违法所得没收程序可以被视作刑事缺席审判的制度雏形，其先行实践的效果如何，将决定我国是否有条件建构刑事缺席审判制度。

司法实践中，违法所得没收程序几乎仅涉及贪污贿赂犯罪案件，截至2023年3月，我国司法机关五年间对54名逃匿、死亡贪污贿赂犯罪嫌疑人启动违法所得没收程序。②由于通缉和公告期限较长，加之适用范围严格限定，违法所得没收程序设立以来的适用总量并不高，但

---

① 参见全国人大常委会法制工作委员会刑法室编著：《中华人民共和国刑事诉讼法解读》，中国法制出版社2012年版，第619页

② 参见《最高人民检察院工作报告——2023年3月7日在第十四届全国人民代表大会第一次会议上》，载最高人民检察院官网：https://www.spp.gov.cn/tt/202303/t20230317_608765.shtml，最后访问日期：2024年1月2日。

实效良好。为进一步强化没收程序的可操作性，最高人民法院、最高人民检察院于2017年1月联合颁布《关于适用犯罪嫌疑人、被告人逃匿、死亡案件违法所得没收程序若干问题的规定》(以下简称《没收程序规定》)，针对适用范围、证明标准、审理程序等问题制定了较为科学的细则。但相关质疑仍未消解，其中最大的疑问是犯罪嫌疑人、被告人未经人民法院审判，其财产即被没收是否有违《刑事诉讼法》中"未经人民法院依法判决，对任何人都不得确定有罪"的基本原则。[①]需要说明的是，无罪推定原则本质上是基于政治、法律、道德的规范原则，而非基于事实或经验的推定，其在证据法上的含义在于将证明责任分配于控方，而在诉讼法上的含义在于保障被追诉人的程序性权利。[②]至于无罪推定原则是否及于财产权，需要结合具体语境加以理解。刑事诉讼中的涉案财物处理，原则上是以判决作出为节点的，《刑事诉讼法》第245条规定："公安机关、人民检察院和人民法院对查封、扣押、冻结的犯罪嫌疑人、被告人的财物及其孳息，应当妥善保管，以供核查，并制作清单，随案移送……人民法院作出的判决，应当对查封、扣押、

[①] 参见陈卫东：《论新〈刑事诉讼法〉中的判决前财产没收程序》，载《法学论坛》2012年第3期。

[②] 参见易延友：《论无罪推定的涵义与刑事诉讼法的完善》，载《政法论坛》2012年第1期。

冻结的财物及其孳息作出处理……"质言之,在判决作出之前,针对财物及其孳息只得作出查封、扣押、冻结等临时性保全措施,而在判决中可以涉及对查封、扣押、冻结的财物及其孳息如何具体处理,并在判决生效后正式执行。这也意味着,涉案财物的最终处理需要依据判决的作出,亦即附随被追诉人有罪与否、如何量刑等。但2012年《刑事诉讼法》修改后增加的违法所得没收程序中规定,"人民法院经审理,对经查证属于违法所得及其他涉案财产,除依法返还被害人的以外,应当裁定予以没收"[①],这也意味着涉案财物处理与生效判决相分离,在有罪判决作出之前,法院即可对涉案财物裁定没收。"无罪"不仅是一种法律上的评价,更是一种个体生活上的状态,尽管没收涉案财物并没有直接在形式上确定被追诉人有罪,却在实质上将被追诉人置于一种"有罪"状态。申言之,除了司法实践中长期以来将"有罪判决"与"财物没收"相关联的思维定式,业已作出的

---

① 参见《刑事诉讼法》第298条第1款:"对于贪污贿赂犯罪、恐怖活动犯罪等重大犯罪案件,犯罪嫌疑人、被告人逃匿,在通缉一年后不能到案,或者犯罪嫌疑人、被告人死亡,依照刑法规定应当追缴其违法所得及其他涉案财产的,人民检察院可以向人民法院提出没收违法所得的申请。"第300条第1款:"人民法院经审理,对经查证属于违法所得及其他涉案财产,除依法返还被害人的以外,应当裁定予以没收;对不属于应当追缴的财产的,应当裁定驳回申请,解除查封、扣押、冻结措施。"

没收裁定还可能增加日后被追诉人被判决无罪的制度成本，降低其投案或被抓获后得到无罪判决的可能，加之社会公众对于无罪推定原则及违法所得没收程序的认识有限，没收在一定程度上就等于贴上了有罪标签。可见，尽管无罪推定原则并未明示是否及于财产权，但在我国语境之下，违法所得没收程序与无罪推定原则显然是存在一定冲突的。

实际上，在域外，对于刑事没收制度也存在类似质疑，试图从根本上解决这一理论问题有两种选择：其一，参照部分域外国家，将违法所得没收程序改造为民事没收，适用民事诉讼的规则和证明标准，即不存在刑事诉讼中无罪推定的问题；其二，以违法所得没收程序为基础，建构完整意义上的刑事缺席审判制度，在罚没之前先行解决定罪问题。虽然《没收程序规定》第17条[①]对没收程序的证明标准设置低于定罪证明标准，但立法时将这一程序归于《刑事诉讼法》之特别程序即意味着其有别于民事程序，倘若改造为民事没收，显然是颠覆性的。相比之下，建构完整意义上的刑事缺席审判制度更切实际，也能有效弥补违法所得没收程序在处理贪污贿赂案

[①] "申请没收的财产具有高度可能属于违法所得及其他涉案财产的，应当认定为本规定第十六条规定的'申请没收的财产属于违法所得及其他涉案财产'。"

件时"未定罪即罚没"之缺陷。

二、刑事缺席审判制度的类型化分析

既然建构刑事缺席审判制度的首要正当性基础在于适应制度反腐的新形势、新目标，那么在进行域外立法例考察时就应特别关注符合相应需求的具体制度类型。世界范围内，针对贪腐案件的刑事缺席审判并不鲜见，如在 Antonia Ilia v. Appeal Court in Athens 案[①]中，Ilia 在希腊受到腐败等多项指控，但其已离开希腊在英国定居，因而希腊司法机关对其部分罪名作出了缺席判决；驻雅典上诉法院检察官先后签发多份欧洲逮捕令，英国检方执行了相关逮捕令并将 Ilia 移送威斯敏斯特治安法院；初审法官驳回 Ilia 的各项抗辩，批准了引渡决定；尔后 Ilia 上诉，上诉法院驳回 Ilia 的各项上诉请求，维持了引渡决定，其中争议焦点之一即缺席是否由被告人故意造成、对于缺席审判是否还有上诉机会。

当然，刑事缺席审判作为一般审判程序之例外，各国均采取了较为审慎的态度，业已设置这一制度的国家

---

① See Antonia Ilia v. Appeal Court in Athens（Greece），［2015］EWHC 547（Admin）（06 March 2015）.

也不断对其规范进行修正和完善。①是故，在对设置刑事缺席审判制度的各代表性国家进行比较研究时，不能仅仅满足于对各国规范之梳理，还应在此基础上作出类型化分析之尝试，进而提炼出可资借鉴的理论资源。刑事缺席审判制度可以区分为"义务不履行""义务规避""权利放弃""权利剥夺""暂时退离"等五大类型，其中"义务不履行"之下又包括"义务免除"这一亚类型，而"暂时退离"并非完整意义上的刑事缺席审判制度。下文中，将以我国公正、高效打击腐败犯罪之制度需求作为主线，对各类刑事缺席审判制度加以分析，进而探索适合我国的、可资借鉴的制度类型。

（一）"义务不履行"与"权利放弃"

权利和义务是统一的，有权利则有义务。对于刑事缺席审判而言，首先同样需要厘清被追诉人出庭究竟是一项义务抑或一项权利。一方面，倘若将出庭视作被追诉人之义务，义务是不可以放弃的，不出庭就意味着对

---

① 例如，意大利2014年4月28日第67号法律改革了《意大利刑事诉讼法典》中的刑事缺席审判制度，只有被告人明确表示放弃出庭并且有其代表出庭的情况下，才允许进行缺席审理；在被告人逃匿的情况下，庭审活动中止，但法官仍可继续采取适当方式获取证据材料。参见《意大利刑事诉讼法典》，载《世界各国刑事诉讼法》编辑委员会编译：《世界各国刑事诉讼法·欧洲卷（下）》，中国检察出版社2016年版，第1626页。

义务的不履行,即说明其甘愿承担这种行为所带来的不利后果。此时,如果国家启动缺席审判程序,被告人因为不履行出庭义务而未能在法庭上充分阐述自己的主张,这也就导致了某些权利行使不充分,可以视作对其不履行义务给予的一种惩罚。若未设置缺席审判,则会因被告人之不履行出庭义务而搁置诉讼程序,其行为附随之责任即会被转嫁给被害人与社会。另一方面,倘若将出庭视作被追诉人之权利,由于权利的可处分性,被告人可以选择放弃行使这一权利。但放弃权利不是无缘由的,权利主体为了获得某种更大的利益可能放弃某种相对较小的利益,这便是权利之交换。在缺席审判状态下,被告人不出庭亲自进行辩护,并不必然影响法院审判,法庭将在尽全力保障程序正义之前提下作出实体裁决,而这种裁决并不全然是对被告人不利的,甚至也可能产生无罪判决,这可以视为权利交换的结果;反之,如果不进行缺席审判,那么一旦放弃权利,将会使其暂时甚至永久地逃避法律的制裁,这种处分的随意性与结果的有利性,可能导致越来越多的被追诉人倾向于放弃这一权利。[①]由此,在世界各国关于刑事缺席审判的规范中,产生了两种不同制度类型,即"义务不履行"与"权利放弃"。

[①] 参见卞建林主编:《腐败犯罪诉讼程序专题研究》,中国人民公安大学出版社2014年版,第171页。

其一，从我国建构刑事缺席审判的制度需求出发，"义务不履行"之刑事缺席审判是最适合贪污贿赂犯罪案件的制度类型，因为从主观上看，被追诉人均是在具备受审能力的前提下，故意、主动地不履行其出庭义务。"义务不履行"之刑事缺席审判制度以法国为典型。根据《法国刑事诉讼法典》相关规定，重罪案件、轻罪案件以及违警罪案件均可缺席审判，但同时也区分了缺席审判和对席审判，即被告人"缺席"（défaut）与"不到庭"（absence）。即使轻罪或违警罪被告人不到庭，仍然可以受到对席审判，只有在因为没有向被告人本人送达传票进行传唤，因而不能确认其知道自己受到传唤时，法院对其作出的判决才是缺席判决，这也是提出缺席判决异议的前提。至于重罪案件，《法国刑事诉讼法典》第二卷"审判法庭"第一编"重罪法庭"之第八章，专门就"重罪案件的缺席审判"进行规定，重罪法庭开庭时并无有效理由不出庭的被告人，按照本章（第379-2条至第379-6条）之规定进行缺席审判。法庭在不设陪审团的情况下，对案件进行审查并对提出的控告进行审理。若被告人有律师出庭为其担任辩护人，则庭审按第306条之规定（重罪案件一般审理程序）进行，但有关讯问被告人和被告人出庭的规定除外。在对被告人科处无缓期自由刑的情况下，法庭签发逮捕令，但如此前已经签发此令，无需另签。受到缺席判决的重罪被告人不得向上诉法院提起上诉。①

然而，并非所有"义务不履行"之刑事缺席审判均可适用于贪污贿赂等重罪案件。例如，德国、日本将被追诉人出庭既视为一项义务也视为一项权利，其权利贯穿所有案件，但基于职权主义诉讼之下国家追诉原则的运作，其权利不得放弃，②并且在重罪案件中这一义务必须履行，③唯有部分轻罪案件中这一义务可以适当免除。是故，以"义务免除"概括德国、日本轻罪案件缺席审判之类型更为贴切，但仍属于"义务不履行"之下的一种亚类型。《日本刑事诉讼法》第284、285条分别规定，相当于50万元（刑法、关于处罚暴力行为等的法律及关

---

① 参见［法］贝尔纳·布洛克：《法国刑事诉讼法》，罗结珍译，中国政法大学出版社2009年版，第523—527页；《法国刑事诉讼法典》，载《世界各国刑事诉讼法》编辑委员会编译：《世界各国刑事诉讼法·欧洲卷（上）》，中国检察出版社2016年版，第636页。

② 关于诉讼权利是否可以放弃的争论，可参见卞建林、谢澍：《职权主义诉讼模式中的认罪认罚从宽——以中德刑事司法理论与实践为线索》，载《比较法研究》2018年第3期。

③ 实际上，早在1877年德国帝国刑事诉讼法就采纳了禁止缺席审判的原则，当然还存在例外。纳粹上台后彻底突破了这一原则，但允许被告人归来后启动再审，还会主动为缺席的被告人聘请律师。联邦德国虽然没有马上废除缺席审判，但是立法上不断缩减其适用范围，直到1974年彻底取消了这一制度，删除了《德国刑事诉讼法》第277—284条。根据现行法，除下文中列举的条款外，被告人缺席时只能进行证据保全程序或者扣押其财产迫其投案。Frister, Helmut, in: SK-StPO, Band V, Köln, 4. Aufl. 2012, § 285 Rn.1 ff.

于调整经济关系刑罚的法律规定之罪以外的罪，为5万元）以下罚金或者罚锾的案件，被告人在公审期日不需要到场；相当于拘留的案件之被告人，在宣告判决时，应当在公审期日到场。在其他场合，如果法院认为被告人的到场对保护其权利无关紧要时，可以许可被告人在公审期日不到场。①而根据《德国刑事诉讼法》第232条、第233条之规定，在轻罪案件中可以解除被告人的出庭义务，申言之，如果可能仅是单处或并处6个月以下的自由刑、180日以下的日额罚金、保留处刑的警告、禁驾、追缴、没收、销毁或者废弃处分的，依申请可以解除被告人审判时的到场义务。作为保障，被告人不参加法庭审理的，不允许判处更高的刑罚或者科处矫正及保安处分。同时，《德国刑事诉讼法》第408a条规定，审判程序业已开始，符合处刑令程序之准许性前提，且由于被告人不到庭、缺席或由于其他重要原因使得法庭审理难以进行时，可以提出处刑令申请。②这显然扩大了处刑令程序

---

① 此外，相当于刑期为3年以下的惩役或监禁，或超过50万元（刑法、关于处罚暴力行为等的法律及关于调整经济关系刑罚的法律规定之罪以外的罪，为5万元）罚金案件的被告人，在进行第291条的程序及宣告判决时，应当在公审期日到场。参见《日本刑事诉讼法》，载《世界各国刑事诉讼法》编辑委员会编译：《世界各国刑事诉讼法·亚洲卷》，中国检察出版社2016年版，第342页。

② 参见《德国刑事诉讼法》，载《世界各国刑事诉讼法》编辑委员会编译：《世界各国刑事诉讼法·欧洲卷（上）》，中国检察出版社2016年版，第294、314页。

的适用范围,创设了从普通程序转成处刑令程序的可能,将那些案情和法律发生变化后也符合处刑令程序条件的案件,以及检察官后来转变评价的案件也囊括进来。对照第408a条与第232条第1款可知,根据后者,处以180日以下的日额罚金可以不需要被告参加审判的,那么第408a条就适用于此刑罚与有期徒刑一年缓刑之间可能被适用的情形,即采取书面程序,被告人不参加审判。①

其二,"权利放弃"之刑事缺席审判制度同样不适用于我国之贪污贿赂犯罪,因为我国并未将被追诉人缺席审判视为一种可放弃的权利。"权利放弃"之刑事缺席审判制度以美国、意大利为典型。《意大利刑事诉讼法典》将被告人不出庭视为可放弃之权利,第420条-2第1款规定,如果处于自由或羁押状态的被告人未出庭,并且明确表示放弃参加该庭审,即使是由于受到阻碍,法官也可以进行缺席审理。②而《美国联邦刑事诉讼规则》第43条(c)款规定,在审判开始后被告人自愿缺席,无论法庭是否告知被告人有在审判中在场义务的,以及在非死刑案件中,被告人自愿在科刑时缺席的,视为放弃出庭的权利。同时,《美国联邦刑事诉讼规则》第43条(b)

---

① Weßlau, Edda, in: SK-StPO, Band VIII, Köln, 4. Aufl. 2013, vor § 407 ff. Rn.11, § 408a Rn.1 f., 20.

② 参见《意大利刑事诉讼法典》,载《世界各国刑事诉讼法》编辑委员会编译:《世界各国刑事诉讼法·欧洲卷(下)》,中国检察出版社2016年版,第1702页。

款第2项中明确了轻罪案件无需到庭,可被判处罚金或1年以下监禁或二者并处的犯罪,经被告人书面同意,法庭允许通过视频电话会议的方式或在被告人缺席的情况下,进行传讯、答辩、审理和科刑。[1]可见,非死刑案件中,被告人均可自愿放弃出庭之权利。但也存在与传统之"权利放弃"理论有别的分析,即因错误行为而"权利丧失",例如在Taylor v. United States案[2]中,法院认为被告人在审判期间缺席使其丧失出庭权。本案被告人争辩道:"其自愿在审判期间缺席不能被认定为有效放弃……除非证明他知道或被法庭明确警告过他有出庭权,而且审判会在其缺席的情况下继续进行。"对此,法院予以驳回:"该上诉人对他在审判的各个阶段的出庭权存有疑问是令人难以置信的……在法官、陪审团、证人和律师都在场准备继续进行的情况下,在审判过程中逃离法庭的人却不知道法庭会在其缺席的情况下继续审理案件。"[3]

(二)"义务规避"与"权利剥夺"

前述之"义务不履行"与"权利放弃"两种类型的

---

[1] 参见《美国联邦刑事诉讼规则》,载《世界各国刑事诉讼法》编辑委员会编译:《世界各国刑事诉讼法·美洲卷》,中国检察出版社2016年版,第643—644页。

[2] Taylor v. United States, 414 U.S. 17, 94 S. Ct. 194, 38 L. Ed. 2d 174(1973)。

[3] 参见[美]伟恩·R. 拉费弗等:《刑事诉讼法》(下),卞建林、沙丽金等译,中国政法大学出版社2003年版,第1201页。

刑事缺席审判制度，共通点在于，被追诉人无论是不履行义务抑或放弃权利，其对于不出席庭审均是自愿同意的状态。但在"义务规避"与"权利剥夺"两种类型之刑事缺席审判制度中，被追诉人之态度可能是自愿同意、不同意甚至状态不明，因为"义务规避"与"权利剥夺"是刑事程序运作中权利、义务的非常态化现象，需要根据具体情形加以判断。

贪腐人员逃匿海外而缺席庭审并非"义务规避"，而是前文中提到的"义务不履行"，二者需要加以区分。"义务不履行"是在具备受审能力的前提下，通过逃匿等方式故意不履行出庭义务；而"义务规避"往往是被追诉人刻意造成无受审能力或可能之状态，以德国之立法例为典型。《德国刑事诉讼法》第231条第2款规定："被告人如果仍在审判中途或者在中断后审判继续进行时缺席，如果已经对其就起诉进行了讯问，且法庭认为其继续在场并非必要的，可以在其缺席情形下审结法庭审理。"同时，第231a条第1款规定："被告人故意和有责任地使自己陷入某种状态，该状态使得其不适宜参加法庭审理，以此有意识地使得法庭审理不能在其在场的情况下正常进行或者继续正常进行的，即使在此之前未曾对其进行讯问，但只要法院认为其在场并非必不可少的，可以在其缺席情况下进行或者继续进行法庭审理。只有在启动法庭审理后被告人得到过向法院或者受托法官就起诉表达意见的机会的，第一句的规定才可适用。"此外，《德国刑事诉讼法》规定，上述缺席审理，法庭在听取医生鉴定人意见后方能裁定，且被告人一旦恢复受审能力，倘若此时尚未开始宣告判决，审判长应当告知其缺席时法庭审理的主要内容。①

"权利剥夺"通常是被追诉人基于不当行为影响法庭秩序，法庭为保证案件审理顺利进行而采取的措施之一，前提是被追诉人已经出庭，因而也与我国打击外逃贪腐人员之初衷不符。《德国刑事诉讼法》第231b条规定："因为违反法庭秩序，被告人被带离法庭或者拘留的（《德国法院组织法》第177条），如果法庭认为他的继续在场并非必不可少的，甚至其在场对法庭审理的进程带来严重影响之虞的，可以在被告人缺席情形下进行法庭审理。在任何情况下，对被告人都要给予就公诉表达意见的机会。"②而根据《法国刑事诉讼法典》第320—322条之规定，被告人抗拒出庭的或被告人扰乱法庭秩序被驱逐出法庭的，法庭审理照常进行。每次庭审结束后，由重罪法庭书记员向未出庭的被告人宣读庭审笔录并向其送达检察院的公诉意见之副本和法院作出的裁决，该种

---

① 参见《德国刑事诉讼法》，载《世界各国刑事诉讼法》编辑委员会编译：《世界各国刑事诉讼法·欧洲卷（上）》，中国检察出版社2016年版，第294页。

② 参见《德国刑事诉讼法》，载《世界各国刑事诉讼法》编辑委员会编译：《世界各国刑事诉讼法·欧洲卷（上）》，中国检察出版社2016年版，第294页。

裁决全部视为对席作出（不适用第379-2条至第379-6条之规定）。①此外，《美国联邦刑事诉讼规则》第43条（c）款规定，法庭警告被告人因破坏行为会将其驱逐出法庭，但被告人坚持该行为，而将其驱逐出庭的，视为放弃继续到庭。②这与前述Taylor v. United States案的"权利丧失"之分析存在微妙差异，"权利丧失"是基于被追诉人错误行为，但法庭的态度是消极被动的；而"权利剥夺"尽管也是由被追诉人的不当行为引发，但这种行为的严重程度已经直接影响法庭审理的顺利进行，因而法庭采取主动积极之措施剥夺被追诉人的出庭权。

（三）"暂时退离"

"暂时退离"主要是指在证人或其他有关人员出庭作证时，因被告人在场可能影响其正常陈述的，可以使被告人暂时退离法庭，以保障庭审顺利、有效进行。刑事缺席审判制度可以进一步细分为"缺席审理"和"缺席判决"两个部分，前述之"义务不履行""义务规避""权利放弃""权利剥夺"等四种类型皆是既有"缺

---

① 参见《法国刑事诉讼法典》，载《世界各国刑事诉讼法》编辑委员会编译：《世界各国刑事诉讼法·欧洲卷（上）》，中国检察出版社2016年版，第629—630页。

② 参见《美国联邦刑事诉讼规则》，载《世界各国刑事诉讼法》编辑委员会编译：《世界各国刑事诉讼法·美洲卷》，中国检察出版社2016年版，第644页。

席审理"亦可能包括"缺席判决"。但在"暂时退离"中却仅有暂时性的"缺席审理"而不包括"缺席判决",在此意义上,"暂时退离"并不是完整意义上的刑事缺席审判制度,只是确保庭审顺利进行的暂时性措施。是故,这一类型并不符合我国当前建构刑事缺席审判进而打击贪污贿赂犯罪之迫切需求。

"暂时退离"型刑事缺席审理,以德国、日本之立法例为典型。《日本刑事诉讼法》第281条之2规定:"在公审期日外询问证人而被告人已经在场的场合,法院认为证人在被告人面前会受到压迫而不能充分供述时,以有辩护人在场的情形为限,可以在听取检察官和辩护人的意见后,在该证人供述时,使被告人退席。在此场合,应当在证人供述完毕后,将证言的要旨告知被告人,并向他提供询问该证人的机会。"[①]《德国刑事诉讼法》第231c条同样明确,对数名被告人进行审判的,依申请法院可以裁定允许个别的被告人,在指定辩护情况中也包括允许其辩护人,不参加不涉及他们的个别审理部分。同时,第247条还规定了被告人离庭的三种情况:其一,在讯(询)问共同被告人或证人时,被告人在场而有不据实陈述之可能的;其二,询问未满18岁的证人,被告人在场可能对其身心带来严重不利影响的,或询问其他

---

① 参见《日本刑事诉讼法》,载《世界各国刑事诉讼法》编辑委员会编译:《世界各国刑事诉讼法·亚洲卷》,中国检察出版社2016年版,第342页。

证人，被告人在场对其健康存在严重不利之急迫危险的；其三，介绍被告人的状况及治疗前景时，对他的健康可能产生十分不利影响的。①

三、刑事缺席审判制度的体系化建构

通过上文对刑事缺席审判制度的类型化分析可知，倘若出于反腐败之目的，对逃匿的被追诉人进行缺席审判，则仅有除"义务免除"以外的"义务不履行"这一类型的缺席审判符合制度需求。"义务不履行""义务规避""权利放弃""权利剥夺""暂时退离"等五大类型是各国现有规范的抽象性总结，但并非各种类型均在一国之规范中得到同时体现。同样，我国当前立法中其实并不必要涉及如此多的制度类型，尤其是在制度运行之初，

---

① 参见《德国刑事诉讼法》，载《世界各国刑事诉讼法》编辑委员会编译：《世界各国刑事诉讼法·欧洲卷（上）》，中国检察出版社2016年版，第294、296页。值得延伸的一点是，我国《刑事诉讼法》第154条明确："依照本节规定采取侦查措施收集的材料在刑事诉讼中可以作为证据使用。如果使用该证据可能危及有关人员的人身安全，或者可能产生其他严重后果的，应当采取不暴露有关人员身份、技术方法等保护措施，必要的时候，可以由审判人员在庭外对证据进行核实。"这一"庭外核实"的规定自2012年确立以来一直存在争议。同样是为了不暴露有关人员身份、技术方法而采取的保护措施，与"暂时退离"之刑事缺席审理相比，似有背离以庭审为中心之嫌，建议考虑遵循被告人"暂时退离"的思路，而不是在庭外处理与审理相关的事项。

应当限定较小的适用范围和相对单一的制度类型，以避免实践乱象。就此而言，2018年《刑事诉讼法》修改后建构的刑事缺席审判制度之适用范围过大。更重要的是，通过立法之体系化建构赋予刑事缺席审判制度合法性，其前提是遵循制度本身的正当性基础，确保符合制度反腐的现实需求，并在原有制度雏形之上，逐步有效回应发现真实、权利保障和诉讼经济的理论质疑，进而兼顾正当性与合法性。

（一）刑事缺席审判的适用范围

起初，《修正草案》一次审议稿中将刑事缺席审判的适用范围限制于"贪污贿赂等犯罪案件"，但在《关于〈中华人民共和国刑事诉讼法（修正草案）〉的说明》中也明确表示"对刑事缺席审判适用的案件范围，将在下一步工作中继续深入研究"；而在《修正草案》二次、三次审议稿以及最终审议通过的《修改决定》中，刑事缺席审判的适用范围扩大至"贪污贿赂犯罪案件，以及需要及时进行审判，经最高人民检察院核准的严重的危害国家安全犯罪、恐怖活动犯罪案件"。笔者认为，这一适用范围过大。原因在于，考虑到违法所得没收程序作为刑事缺席审判制度之雏形，业已取得一定实效，刑事缺席审判制度在设置之初应当保持审慎且保守的态度，为避免缺乏实践基础所带来的不确定性，其适用范围也不应超出原有之没收程序。对此，全国人大常委会法制工作委员会在进行权威解读时专门强调,违法所得没收程序在适用时应仅限于贪污贿赂犯罪、恐怖活动犯罪,不宜扩大适用到其他重大犯罪案件。这是考虑到贪污贿赂犯罪、恐怖活动犯罪对社会稳定与安全、经济发展危害严重,且又是我国参与的国际公约之相关义务所要求的,加之这类被告人缺席的审理活动,更需注意程序正当性原则。[1]但在《没收程序规定》中,其适用范围增加了危害国家安全、走私、洗钱、金融诈骗、黑社会性质的组织、毒品犯罪以及电信诈骗、网络诈骗犯罪案件等,相比于《刑事诉讼法》之规定,已有扩张。然而,《修正草案》一经公布,即有观点认为,新增之刑事缺席审判制度与违法所得没收程序存在一定的竞合关系,《刑事诉讼法》是否仍有必要保留独立的违法所得没收程序,值得探讨。[2]对此,首先需要明确的问题是:刑事缺席审判制度应当直接与违法所得没收程序相衔接,采用同一适用范围;抑或刑事缺席审判制度与违法所得没收程序双轨并行,在违法所得没收程序之适用范围内作出进一步限定?本章倾向于后者,试析之。

当前社会对于刑事缺席审判的制度需求,主要在于

---

[1] 参见全国人大常委会法制工作委员会刑法室编著:《中华人民共和国刑事诉讼法解读》,中国法制出版社2012年版,第620页。

[2] 参见万毅:《刑事缺席审判制度立法技术三题——以〈中华人民共和国刑事诉讼法(修正草案)〉为中心》,载《中国刑事法杂志》2018年第3期。

解决重大贪污贿赂犯罪之被追诉人逃匿所导致的诉讼程序难以顺利进行。前已述及，违法所得没收程序在实践适用中几乎只涉及贪污贿赂犯罪。因而，笔者认为，我国刑事缺席审判制度的建构类型应当限定于除"义务免除"以外的"义务不履行"。申言之，被追诉人逃匿即义务不履行之意思表示，不得因被追诉人之不履行出庭义务而搁置诉讼程序，避免其行为附随之责任被转嫁给被害人与社会。并且，此时被追诉人因为不履行出庭义务而未能在法庭上充分阐述自己的主张，导致其诉讼权利难以充分行使，应当视作对其不履行义务给予的相应惩罚。我国刑事诉讼制度具有鲜明的职权主义传统，奉行国家追诉原则，有罪必诉、有诉必审，被告人出庭既是其权利也是其义务，但不得因"放弃权利"或"规避义务"而"不履行义务"。就此而言，"权利放弃""权利剥夺""义务规避"三种类型均是被告人有可能出庭而主动或被动不出庭之情形，对于我国刑事缺席审判制度的初始化阶段并不适用，其范围应当严格限定于贪污贿赂犯罪之被追诉人逃匿的"义务不履行"类型。对于恐怖活动犯罪，以及《没收程序规定》中增加的危害国家安全、走私、洗钱、金融诈骗、黑社会性质的组织、毒品犯罪以及电信诈骗、网络诈骗犯罪等，由于实践案例较少，尚需进一步考察其实效，无论是从制度需求抑或实践准备上来看，均不是我国刑事缺席审判制度之初始化阶段所迫切需要囊括在内的犯罪种类，上述案件可以进一步试行违法所得没收程序。而对于犯罪嫌疑人、被告人死亡的，由于《刑事诉讼法》第16条规定，犯罪嫌疑人、被告人死亡的，不追究刑事责任，已经追究的，应当撤销案件，或者不起诉，或者终止审理，或者宣告无罪，因而适用刑事缺席审判制度对其定罪量刑并无必要，仍然应当适用违法所得没收程序，追缴其违法所得及其他涉案财产。但是，基于有利被追诉人之考量，对于有证据证明被告人无罪的，可以由人民法院经审理确认无罪，并依法作出缺席判决；[1]同理，因被告人患有严重疾病无法出庭而中止审理超过一定期限的，倘若被告人仍无法出庭，而被告人及其法定代理人申请或同意继续审理的，人民法院可以尊重其意愿并保障其诉讼权利，恢复审理并依法作出缺席判决。

综上所述，刑事缺席审判制度与违法所得没收程序双轨并行，在违法所得没收程序之适用范围内作出进一步限定，更切实际。因此，《修正草案》一次审议稿的适用范围或许更为合理，适应制度反腐的新形势、新目标，保障公正、高效地打击腐败犯罪，才是当前建构刑事缺

---

[1] 对于为平冤昭雪设置缺席审判的构想，其出发点显然是积极的，也适宜我国刑事诉讼之特殊需求，但与本次刑事缺席审判制度的建构目的及初衷并不完全符合，而在域外立法类型中也缺乏可对比之参照，需要进一步理论探讨。参见王敏远：《刑事缺席审判制度探讨》，载《法学杂志》2018年第8期。

席审判制度的正当性基础,而危害国家安全犯罪、恐怖活动犯罪案件并非当前建构刑事缺席审判制度所迫切需要解决的问题。此外,认罪认罚从宽制度中缺席审判的理论构想,尚不成熟。此类案件的缺席审判属于"义务免除"或"权利放弃",我国刑事缺席审判制度之初始化阶段应当严格限定于除"义务免除"以外的"义务不履行"之类型。更何况认罪认罚从宽制度并非一项具体制度,其可能适用于速裁程序、简易程序甚至普通程序,范围广泛、数量巨大,倘若免除其义务或允许放弃权利,容易导致实践乱象的产生。加之被告人在公开法庭之上的悔罪表达对被害人而言具有重要的抚慰作用,也有助于考量被告人的认罪悔罪态度。被告人若是在能够到庭的情况下选择不予到庭,之于我国司法文化,其悔罪态度难免受到质疑。①

(二)刑事缺席审判的准备程序

笔者主张刑事缺席审判制度与违法所得没收程序双轨并行,在刑事缺席审判程序中,实际上也将违法所得没收程序囊括在内,既涉及定罪量刑也处理罚没问题。《修改决定》中关于刑事缺席审判之准备程序的规定较为

---

① 参见初殿清:《认罪认罚从宽制度语境下的刑事缺席审判的思考》,载《人民法院报》2017年11月29日,第5版。

粗疏，笔者认为，在刑事缺席审判的准备程序中可以参照违法所得没收程序的现有做法，并根据缺席审判的特点加以适当完善，具体包括三个部分：

其一，明确刑事缺席审判制度的申请、公告、权利义务告知程序。对于犯罪嫌疑人逃匿的案件，检察机关在依法提起公诉后，认为需要缺席审判的，应同时向人民法院提出缺席审判的申请，并制作缺席审判申请书。对于缺席审判的申请，人民法院应当在三十日内审查完毕，并作出受理或退回的处理决定。人民法院受理缺席审判的申请后，应当在十五日内发布公告，公告期为六个月。公告期间不适用中止、中断、延长的规定。[①]公告应当在全国公开发行的报纸、官方微信微博等网络媒体以及最高人民法院官方网站刊登、发布，并在人民法院公告栏张贴。必要时，公告可以在犯罪地、被追诉人居住地或者其他可能相关的地点张贴，并送达利害关系人。同时，仍应告知被告人相关权利义务，因其逃匿，可向其近亲属告知，若已知其逃匿海外的，可通过海外司法

[①] 曾有学者提出，违法所得没收程序设置"通缉一年"与"公告六个月"的期限太长，容易导致违法所得财产被转移处理。参见宋英辉、茹艳红：《刑事诉讼特别程序立法释评》，载《苏州大学学报（哲学社会科学版）》2012年第2期。但缺席审判较之没收程序对于被追诉人的利益影响更大，为了体现审慎的制度设计思路，沿用较长的公告期更为稳妥，至于转移财产等风险应当由司法机关通过其他措施主动加以防范。

机关协助告知。有观点认为，应当把知晓相关刑事诉讼情况确定为基本条件，并把这种知晓确定为启动缺席审判程序的前提条件，在逃的被追诉人查无下落或者完全不可能向其发出诉讼通知的情况下，检察机关不应当向人民法院提起公诉。[1]笔者认同在逃的被追诉人查无下落或者完全不可能向其发出诉讼通知的情况下，不应继续缺席审判程序，但公告和诉讼通知的义务应当由法院承担，倘若不提起公诉，则程序无法推进至法院，因而，是否中止缺席审判程序应当由法院在进行公告后决定。

其二，重视证据保全及涉案财物的查封、扣押、冻结。因刑事缺席审判制度需以通缉、公告等程序为前置，因而在此期间，相关证据的保全以及涉案财物的处置即关乎程序是否得以顺利进行，司法机关应当主动采取措施进行保障。同时，证据保全及涉案财物的查封、扣押、冻结也是督促被追诉人归案的有效手段，德国即规定可以通过进行证据保全程序或扣押其财产的缺席判决迫使被追诉人投案。[2]

其三，庭前会议应当被规定为刑事缺席审判的必经程序。对于证据材料较多、案情疑难复杂、社会影响重大或者控辩双方对事实证据存在较大争议等情形，人民

---

[1] 参见黄风：《对外逃人员缺席审判需注意的法律问题》，载《法治研究》2018年第4期。
[2] 参见［德］克劳思·罗科信：《刑事诉讼法》（第24版），吴丽琪译，法律出版社2003年版，第570页。

法院可以召开庭前会议。而刑事缺席审判涉及贪污贿赂犯罪，此类犯罪通常案情复杂，对社会稳定与安全、经济发展危害严重，并且被追诉人往往逃匿海外，具有国际影响。因而，应当将庭前会议设置为必经程序，按照《人民法院办理刑事案件庭前会议规程（试行）》，对于管辖、回避、非法证据排除、出庭证人名单等可能导致庭审中断的程序性事项，以及控辩双方庭前提出的各种申请，通过庭前会议依法作出处理，并在庭前会议中归纳控辩双方的争议焦点，明确法庭调查的方式和重点。

（三）刑事缺席审判的审理程序

由"以侦查为中心"转向"以审判为中心"，不仅是我国刑事诉讼制度改革的基本方向，亦是我国刑事程序法治现代化之突破口。因此，刑事缺席审判制度之体系化建构也势必吸收以审判为中心、庭审实质化的改革成果。"以审判为中心"之要义在于，强调审判在刑事诉讼中的核心地位，通过建立公开、理性、对抗的平台，对证据进行审查，对指控进行判定，实现追究犯罪的正当性和合法性；强调法庭审理的实质意义，一切与定罪量刑有关的证据都要在审判中提交和质证，所有与判决有关的事项都要经过法庭辩论，法官判决必须建立在法庭审理基础之上。① 由此观之，在刑事缺席审判制度中同

---

① 参见卞建林、谢澍：《"以审判为中心"视野下的诉讼关系》，载《国家检察官学院学报》2016年第1期。

样强调借助言词辩论兑现庭审实质化,除了"被告人对不利自己证人当庭对质的权利"可能克减,其他方面与当前之以审判为中心的诉讼制度改革并不冲突。因而,一方面,刑事缺席审判的审理程序在不涉及被告人的程序性事项上与普通程序相同,并与最高人民法院推行的"三项规程"——尤其是《人民法院办理刑事案件排除非法证据规程(试行)》和《人民法院办理刑事案件第一审普通程序法庭调查规程(试行)》——相适应,将证据裁判、程序公正、集中审理和诉权保障确立为法庭调查的基本原则,规范开庭讯问、发问程序,落实证人、鉴定人出庭作证制度,完善各类证据的举证、质证、认证规则,确保诉讼证据出示在法庭、案件事实查明在法庭、诉辩意见发表在法庭、裁判结果形成在法庭;[①]另一方面,刑事缺席审判的审理程序应当在违法所得没收程序之基础上,进一步保障被告人近亲属、辩护律师以及其他利害关系人的有效参与,尽可能避免因被告人不出庭而导致的质证不力,最大限度维护被告人利益,进而保持等腰三角之诉讼构造的平衡。

此外,还需明确的是,刑事缺席审判不得作出死刑判决,理由在于:首先,我国刑事缺席审判制度仅面向贪污贿赂犯罪案件,作为一种经济犯罪,按照国际惯例

[①] 参见《最高人民法院印发"三项规程"深入推进刑事庭审实质化改革》,载《人民法院报》2017年12月28日,第4版。

应当尽量减少或不适用死刑;其次,刑事缺席审判一定程度上限制了被告人的辩护权,尽管这是其不履行出庭义务的相应后果,但也不应在其未出庭的情况下判处极刑;最后,倘若判处死刑,在接下来的刑事司法协助过程中,域外绝大多数国家将拒绝引渡罪犯之请求。①

(四)刑事缺席审判的证明标准

尽管刑事缺席审判是一般审判程序之例外,但涉及定罪量刑问题,仍然必须坚持法定证明标准,保证案件事实清楚、证据确实充分,即符合《刑事诉讼法》第55条第2款之规定:定罪量刑的事实都有证据证明;据以定案的证据均经法定程序查证属实;综合全案证据,对所认定事实已排除合理怀疑。前已述及,在刑事缺席审判中,由于被追诉人逃匿,办案机关必须接受"零口供"的现实,进而强化对客观性证据的收集和审查判断,使之达到法定证明标准。同时,应避免"形式化"的书面印证,追求"实质化"的有效印证,重视庭上被告人近亲属及辩护律师的质证意见,强化证据矛盾之分析,保证法定证明标准不被人为降低。②就此而言,认为刑事缺

---

① 类似观点可参见陈光中、胡铭:《〈联合国反腐败公约〉与刑事诉讼法再修改》,载《政法论坛》2006年第1期。
② 参见谢澍:《迈向"整体主义"——我国刑事司法证明模式之转型逻辑》,载《法制与社会发展》2018年第3期。

席审判制度可以直接适用高度盖然性证明标准甚至优势证据标准，或在证明方法上采用自由证明方法的观点均是不可取的。

当然，刑事缺席审判制度中的证明标准并不是一元化的，应当区分"对人"与"对物"之证明标准，以及"实体事实"与"程序事实"之证明标准。首先，刑事缺席审判制度除了依法对被告人定罪量刑之外，还关乎涉案财物的罚没，此事项可以沿用违法所得没收程序之证明标准。《没收程序规定》第17条将违法所得没收程序之证明标准确立为"高度可能"。正如有论者所言，所谓"高度可能"低于案件事实清楚、证据确实充分之定罪标准，不仅需要对各方当事人提交的证据之证明力强弱程度进行判断，即使被告人的近亲属、辩护律师或其他利害关系人没有提出异议，依然要求没收申请人提供的证据材料本身具有较高的证明力。[①]其次，检察机关在向法院申请适用刑事缺席审判程序时，应当证明犯罪嫌疑人知晓其涉案事实但为了不履行出庭义务而逃匿，同样可以适用"高度可能"之标准。毕竟，此仅为申请开启刑事缺席审判之程序性事项，并不关乎最终的定罪量刑之裁判，不需要且难以达到最高之定罪标准。当然，检察机关向法院提起公诉，仍应按照《刑事诉讼法》第176条

[①] 参见黄风：《关于特别没收程序最新司法解释的几点解读》，载《人民法院报》2017年1月6日，第2版。

之规定,确保证据确实、充分,只是在适用缺席审判程序的申请上可采"高度可能"之证明标准。由此,在刑事缺席审判制度中设置多元化证明标准,可以有效区分"对人"与"对物"、"实体事实"与"程序事实",①进而保障诉讼程序的顺利推进,兼顾公正与效率。

(五)刑事缺席审判的有效辩护

刑事缺席审判制度中,因被告人不履行出庭义务,其权利保障有所克减。但出于发现真实和人权保障的需要,仍应尽可能维护其辩护权等权利,通过言词辩论之庭审避免裁判错误。这也是保持等腰三角之诉讼结构平衡的最低限度要求,就此而言,落实刑事缺席审判制度中的有效辩护至关重要。对于"有效辩护",域外判例曾指出:"实际上就是被告人要求控方提供的案件事实经得起真正的对抗式标准检验之权利。"②具体而言,出现辩护人造成的错误、政府的干涉行为和利益冲突,即有可能造成无效辩护;并且,辩护人行为瑕疵程度严重至未发挥其应有功能,辩护人的瑕疵行为导致被告人防御上有不利的结果,均意味着无效辩护。③因此,在刑事缺席审

---

① 参见谢澍:《论刑事证明标准之实质递进性——"以审判为中心"语境下的分析》,载《法商研究》2017第3期。
② United States v. Cronic, 466 U.S. 648(1984).
③ 参见王兆鹏:《辩护权与诘问权》,台湾地区元照出版有限公司2007年版,第9—11页。

判制度中，辩护人除了需要具备独立性避免公权力干涉和利益冲突，还应当具备适应贪污贿赂犯罪案件类型的专业性，保证其执业水平和业务能力。

2017年最高人民法院与司法部曾联合发布《关于开展刑事案件律师辩护全覆盖试点工作的办法》，刑事缺席审判制度同样应当按照其中之精神，充分发挥律师在刑事案件审判中的辩护作用。正如《修改决定》所明确的那样，刑事缺席审判制度中，被告人及其近亲属有权委托辩护人；被告人及其近亲属没有委托辩护人的，人民法院应当通知法律援助机构指派律师为其提供辩护。此外，无效辩护还应作为程序性制裁的理由之一，被告人及其近亲属有权以此提出上诉，上级法院经审查确为无效辩护的，可以将其归入"其他违反法律规定的诉讼程序，可能影响公正审判的"情形，根据《刑事诉讼法》之规定，裁定撤销原判，发回原审人民法院重新审判，并根据被告人及其近亲属意见，由其重新委托辩护人或通知法律援助机构重新指派律师。

（六）刑事缺席审判的救济措施

对公权力的有效规范和制约，有效途径之一即由遭受权力侵害的当事人启动救济程序。刑事缺席审判制度中，同样需要针对可能发生的实体和程序错误提供相应的救济方式，使错误得到及时纠正。对此，《修改决定》已有涉及。具体而言，刑事缺席审判的救济措施应当包括：其一，刑事缺席审判程序撤销制度。在刑事缺席审判程序进行中、生效判决作出前，倘若被告人主动归案或被缉捕归案，人民法院应当撤销业已进行的缺席审判程序并按照普通程序重新审理。其二，刑事缺席审判程序异议制度。罪犯在判决、裁定发生法律效力后归案的，人民法院应当将罪犯交付执行，罪犯对判决、裁定提出异议的，人民法院应当重新审理。其三，刑事缺席审判程序之被告人近亲属的独立上诉权制度。在法院作出缺席判决后，除被告人有权对法院的缺席判决提出上诉外，还应赋予被告人近亲属独立的上诉权。[1]毕竟被告人自身未能履行出庭之义务，对庭审参与程度最高的即其近亲属与辩护人，就判决是否公正有着切身感受，如此也更能有效保障被告人之利益。辩护人经被告人或其近亲属同意，也应当可以提出上诉。此外，人民检察院应当依法履行法律监督职能，认为缺席判决及相关裁定确有错误的，向上级人民法院提出抗诉。

四、小结

行文至此，本章已初步探讨了刑事缺席审判制度之

---

[1] 相关救济措施在过往研究中共识度较高，参见邓思清：《刑事缺席审判制度研究》，载《法学研究》2007年第3期；彭新林：《腐败犯罪缺席审判制度之构建》，载《法学》2016年第12期。

于我国的正当性基础，认为2018年《刑事诉讼法》修改后建构的刑事缺席审判制度之适用范围过大，其制度类型本应限定于"义务免除"以外的"义务不履行"，且仅适用于贪污贿赂犯罪，由此体系化建构其准备程序、审理程序、证明标准、有效辩护和救济措施。2018年修改后的《刑事诉讼法》虽已初步勾勒出我国刑事缺席审判的制度雏形，其制度细节却仍有待进一步推敲和考量。当然，这只是笔者的一家之言，相关研究仍较为初步，对于刑事缺席审判制度之建构与完善，尚需持续、广泛地吸收理论界、实务界以及社会公众的建议，进而保障相关制度的正当性。毕竟，刑事缺席审判制度作为制度反腐乃至中国特色社会主义法治体系的有机组成部分，应当在确保公正、高效打击犯罪的同时尊重和保障人权。

后　记

　　呈现在各位面前的，是我的第一本个人学术著作。这本小书是我过去十年尝试运用社科法学方法和知识研究刑事司法改革的一个阶段性总结，也是给那些"不写不快"的日子一个交代。

　　回想起大二、大三时在图书馆一遍遍翻阅《法治及其本土资源》《送法下乡》《道路通向城市》《也许正在发生》的样子，甚至感觉自己有些天真。那时总幻想着自己什么时候也能写出这样的著作，一边模仿着苏力教授的文笔，一边年少轻狂地写着批判苏力教授的书评。当时的文字很稚嫩，但充满热忱。2014年，正值法教义学与社科法学论战最为激烈之时，我参加了在西南政法大学举办的第二届"社科法学研习营"及"法律和社会科学"年会，在会上和会后有幸得到了苏力、刘思达、张巍、吴贵亨、侯猛、尤陈俊等前辈的指点。短短几天里，新知的碰撞以及智识的愉悦让人"上头",在返回北京的飞机上,我把研习营上的思考凝练成了一篇短文,后以《刑事诉讼法学缘何缺席方法论之争》为题发表于《检察日报》。接下来的半年多里,我又重新整理和拓展思路,在《中国法律评论》上发表了《刑事诉讼法教义学:学术憧憬抑或理论迷雾》一文。文章发表后,一些前辈注意到了文中的观点,也曾面对面和我交流——当然主要是批评。其实,如果让现在的我再做一次选择,我并不会认为一个尚没有代表作的硕士生有资本"妄议"方法论,但正是这份"不成熟",给了当年那个硕士生走进社科法学世界的勇气。那时一同参加研习营的伙伴有不少已成为社科法学研究的新生力量,或许他们也和我一样,与社科法学之间曾有类似的"第一次心动"。

社科法学研究耗时、费力,尤其是在刑事诉讼法学研究领域,成果产出的效率和效果恐怕都不及紧跟热点的对策研究。外人眼里的轻松愉悦,大多却是在通宵写稿和连续拒稿之间往返的执着。这本书里的每一篇文章都承载着这般记忆,如果不是要将它们整理出版,我几乎都快要忘记自己那些年充满激情的状态。当时那些大胆的观点、犀利的语言甚至熬夜到天明的体力,都随着年龄的增长而逐渐成为过去式。与自己和解,是必然的结果,即便不至于"躺平",却总会想要慢下来。过去十年,我始终坚持阅读和写作,尽管在各个期刊投稿系统中留下的退稿记录总和早已过百,但这是我与学术相处的基本方式。而现在的我会在晚上十二点前关上电脑，在写完一篇论文之后给自己放一个长假，当激情和爆发力化作细水长流的生活状态，与学术之间的互动或许才能更为长久。

与学术结缘，本就是兴趣使然。然而，一旦兴趣成为工作和任务，学术也就不再那么纯粹了，考验着年轻人是否有甘坐"冷板凳"的毅力。为了坚定学术的信心和信念，自己时常需要与挚友们一道重温马克斯·韦伯的提醒："学术生涯是一场鲁莽的赌博。""你对每一个人都要凭着良心问一句：你能够承受年复一年看着那些平庸之辈爬到你头上去，既不怨恨又无挫折感吗？"[①]

从决定以学术为志业的那天起，或许就走向了一条更艰难的道路，因为在这条道路上总会有人拿着放大镜去检视你的一切，给你贴着标签、作着比较、预设着目标。前年春天，我特地又回到了歌乐山下，如果不是脑海中的那些童年回忆，恐怕很难将这个半废弃的园子和我现在的专业联系起来。"爬山虎"霸占了老图书馆大半外墙，一旁树上的枇杷熟了却不再有人偷摘，曦园的喷水池只剩下锈迹斑斑的水管，而铁路西的轨道已变成这座网红城市的又一处"打卡地"。与记忆中的模样相比，这里的一砖一瓦似乎都变小了，二十年前的堡坎明明那

[①] 参见[德]马克斯·韦伯：《学术与政治》，冯克利译，生活·读书·新知三联书店2005年版，第23页。

么陡、围墙明明那么高。我当然知道,除了岁月的斑驳,这里一切都没改变,改变的是自己。成长总是伴随着避免不了的失败、完成不了的任务、消除不了的误解,不得不承认自己的普通甚至平庸。幸好,求学路上有诸位前辈的教导、朋友的支持和家人的陪伴。

感谢恩师卞建林教授。老师扎实的理论功底和严谨的治学态度,值得学生终身学习。很怀念那些在老师办公室里聆听教诲的日子,即便老师再忙,也总会抽出一两个小时的时间,从论文框架到论证说理再到语言表达,给予我细致的指导。记得2013年年末,我还没有正式被收入老师门下,正巧因为征文获奖得到了在第八届中国法学青年论坛上聆听老师高见的机会,会议间隙我战战兢兢地到房间拜访了老师。当时我问老师:"本科时我写了一些文章,但都不太成熟,研究生阶段是不是应该少写一些,但争取每篇文章都是比较成熟的。"老师的回答让我至今印象深刻:"研究生阶段不可能成熟的,特别是过几年再回头看的时候,所以你现在要做的就是多写多思考,不要寄希望于一下就写出成熟的作品。"在整理本书各章的书稿时,我对老师这番话有了更深的体会,的确,回头看并不成熟,但自己这十年却是在老师的指导下慢慢摆脱着稚嫩。

感谢谭世贵教授,在我学术研究的起步阶段给予我支持和鼓励,使我坚定了以学术为志业的信心和决心。感谢在法大学习期间,陈光中教授、樊崇义教授、顾永忠教授、刘玫教授、杨宇冠教授、汪海燕教授、卫跃宁教授、李本森教授、鲁杨教授、吴宏耀教授、郭志媛教授、栗峥教授的传道授业解惑，使我对刑事诉讼法学研究有了更深刻的认识。感谢科恩教授、伯恩敬教授、傅华伶教授、赵云教授、张丽卿教授、虞平教授的邀请和帮助，让我有机会前往纽约大学、香港大学、高雄大学访学，更新了对于这个世界的感悟。感谢陈卫东教授、龙宗智教授、左卫民教授、宋英辉教授、杨宗科教授、姚莉教授、陈瑞华教授、熊秋红教授、闵春雷教授、张建伟教授、姚建龙教授、张泽涛教授、胡铭教授、万毅教授、刘计划教授、程雷教授、魏晓娜教授、杨波教授、何永军教授、周洪波教授、秦宗文教授、刘方权教授、林喜芬教授、吴洪淇教授、封利强教授、吴以扬老师、汪亦武老师、程燕姬老师、王建林老师，在我求学的不同阶段以不同形式给予过关心、指导和提携。

还要感谢我的朋友们，其实不必在此一一列举，当你们看到这里时定会发自内心地为我高兴，这是属于我们之间的默契。作为同龄人，我们总有说不尽的共同话题，让科研之外的闲暇时间显得不那么枯燥；也正是因为优秀的你们，让我有动力不断提高自己，时刻不能松懈。

本书的出版，得到了刘艳红教授、周志荣书记、王志远教授以及中国政法大学刑事司法学院的大力支持。中国法制出版社靳晓婷女士的悉心审校，促成了本书如期付梓。

这本小书更多是记录了过去十年的青涩，虽然对多个领域保持着好奇，却没有集中主题和论域，因此我并没有足够的自信去叨扰恩师或前辈为本书作序。既然没有了序，那至少也该有些感悟和感谢，算是最后给这本枯燥的学术著作增添点滋味。也许更好的永远是下一部，但无论眼前这本书水平如何，对于我的家人而言都是最好的礼物。十年间生活出现了诸多变故，是家人们温暖的陪伴和坚定的支持，教会我看清生活的本质。我要将这本书献给我亲爱的外公董惠高先生和外婆卢舍芬女士，外公外婆从小陪伴着我成长，可惜孙儿不能将自己的第一本著作亲手交到二老手里。

谢　澍
2024年2月3日于上海

图书在版编目（CIP）数据

穿越理论迷雾：刑事司法的社会科学研究 / 谢澍著. — 北京：中国法制出版社，2024.6. -- ISBN 978-7-5216-4598-9

Ⅰ.D925.204

中国国家版本馆CIP数据核字第2024UG5174号

责任编辑：靳晓婷　　　　　　　　　封面设计：周黎明

穿越理论迷雾：刑事司法的社会科学研究
CHUANYUE LILUN MIWU：XINGSHI SIFA DE SHEHUI KEXUE YANJIU

著者 / 谢　澍
经销 / 新华书店
印刷 / 三河市紫恒印装有限公司
开本 / 880毫米×1230毫米　32开　　　印张 / 9　字数 / 164千
版次 / 2024年6月第1版　　　　　　　2024年6月第1次印刷

中国法制出版社出版
书号 ISBN 978-7-5216-4598-9　　　　　　　　　定价：46.00元

北京市西城区西便门西里甲16号西便门办公区
邮政编码：100053　　　　　　　　　传真：010-63141600
网址：http://www.zgfzs.com　　　　编辑部电话：010-63141827
市场营销部电话：010-63141612　　印务部电话：010-63141606
（如有印装质量问题，请与本社印务部联系。）